Yves Viollier

C'ÉTAIT MA PETITE SŒUR

Roman

Terres de France

PRESSES DE LA CITÉ

ISBN 978-2-258-16299-0
Dépôt légal : avril 2019

Presses de la Cité | un département **place des éditeurs**

place des éditeurs

A ma tribu, à Marie-Claire,
Emmanuelle et Christian, Aurélie et Patrice,
Alexandre, Sixtine, Damien, Alix

On est de son enfance comme on est d'un pays.

Antoine de Saint-Exupéry

Pour être confirmé dans mon identité
je dépends entièrement des autres.

Hannah Arendt

1

Il me semble que mon enfance a été une longue et interminable et douloureuse angine

Nous ne savions pas ce qui nous attendait.

Nous étions assises toutes les trois sur le banc du cloître de l'Assistance publique. Il pleuvait. Nos trois valises étaient à l'abri dans le couloir. La directrice nous avait réunies dans son bureau, la veille au soir. J'étais arrivée pour le dîner. Je connaissais sans les connaître Monique et Thérèse, mes sœurs, mes demi-sœurs. J'avais froid. Je serrais sur ma gorge le col de mon gilet de laine bleue. Le vent fouettait la pluie qui giclait sur le granit des dalles jusqu'à nos sandalettes et nos jambes nues. J'ai toujours été fragile de la gorge. Il me semble que mon enfance a été une longue et interminable et douloureuse angine. Je grelottais. Il ne devait pas faire si froid, pourtant. Nous étions chaussées des mêmes sandalettes de plastique blanc fournies par l'Assistance. Les deux petites, Monique et Thérèse, cinq et six ans, se blottissaient l'une contre l'autre. Je les ai toujours appelées « les petites », alors que je n'avais qu'un an de plus que Thérèse. Je venais de fêter mes sept ans au dernier 25 août. On était en septembre 1960. Je me tenais un peu à l'écart au bout du banc, le tas de nos trois capuchons entre elles et moi.

Je n'avais jamais vécu avec elles. Je savais qu'elles existaient. J'ai toujours été placée en famille d'accueil. J'avais autour du cou la médaille des pupilles de l'Assistance à l'effigie de la République comme sur les pièces de monnaie. C'est sans doute pour ça que j'ai du mal à trouver ma place. On m'avait appris que j'avais des petites sœurs. Enfin, pas des sœurs complètement, des demies. Comment cela était-il possible ? « Leur papa n'est pas ton papa. » Je crois me souvenir de m'être retrouvée un jour au bord d'un berceau. « C'est ta petite sœur. » Ce devait être nécessairement Monique. J'avais à peine plus de deux ans. A moins que j'aie complètement fabriqué cette histoire.

La directrice nous avait présentées, la veille :

— Jeanne, voilà tes sœurs, Monique et Thérèse. Tu peux les embrasser.

Elles se tenaient par la main. Elles ne se sont pas lâchées quand je les ai embrassées.

— Eh, les filles ! Vous pouvez dire bonjour à Jeanne !

Les lèvres pincées des filles.

— Bonjour, Jeanne...

— J'ai une très bonne nouvelle à vous annoncer, vous avez de la chance, vous allez partir ensemble dans une grande maison, un château...

Monique et Thérèse n'avaient pas quitté jusque-là les murs de l'orphelinat.

— On veut rester, a demandé Thérèse.

— Mais non, vous serez beaucoup mieux là-bas, en famille, avec votre sœur.

Les filles lançaient des coups d'œil vers moi en se cramponnant par la main. J'étais l'intruse. Je n'ai jamais totalement réussi à m'immiscer dans leur duo. J'ai toujours jalousé leur complicité. Peut-être m'ont-elles accusée d'être responsable de leur départ ? Elles avaient l'avantage d'être deux. Deux vraies sœurs, avec le même papa.

Elles formaient ce couple soudé sur le banc du cloître mouillé où nous attendions, ce matin de septembre. Je les regardais. Elles tournaient la tête. Elles regardaient devant, la pluie qui tombait serrée sur les buis du parc et la statue du bienfaiteur de l'Assistance. Je les trouvais plutôt jolies, les cheveux tirés vers l'arrière en queue de cheval, Monique la brune, Thérèse plus blonde, toutes les deux les yeux bleus, la figure pointue, les traits fins, les nez délicats, comme notre mère. J'étais jalouse d'elles. Moi, j'avais les cheveux châtains coupés au carré. Je ne me suis jamais aimée. J'ai détesté mes traits lourds comme, sans doute, mon papa qui n'était pas leur papa, ma large bouche, mes yeux marron. « Yeux marron, yeux de cochon ! »

Je connaissais maman. On m'avait permis trois ou quatre fois de la voir et de l'embrasser dans ce jardin et ce cloître de l'Assistance. Ça s'était toujours mal terminé. Je ne voulais plus la lâcher. Je m'accrochais à ses jambes, à sa robe. Je hurlais. J'ai gardé le souvenir de l'odeur de sa robe.

Nous avions une jolie maman élancée, un port de tête, un cou, une peau. On ne l'imaginait pas différente, si on ne regardait pas ses yeux. Il nous est arrivé, à nous les filles, de jouer « à être notre mère ». Nous fermions les yeux, tendions les bras devant nous comme des aveugles, nous heurtions aux meubles. Maman n'était pas dans ses grands yeux bleus flétris. Elle vivait dans un monde flottant. Elle semblait toujours ignorer ce qui se passait autour d'elle et ne pas comprendre ce qui lui arrivait. Elle était une femme-enfant. Brusquement, sans savoir pourquoi, elle avait peur. Elle se mettait à crier quand je m'accrochais à ses jambes pour rester avec elle, comme si je lui faisais mal. J'entends encore son hurlement sauvage alors que je me cramponne. Elle me repoussait. On m'a arrachée à elle. On m'a dit que ce n'était pas sa faute. Sa mère avait été malade de la tuberculose. Le cordon mal placé à sa naissance l'avait étranglée. Elle était devenue toute bleue. Les couleurs lui étaient miraculeusement revenues, mais c'était trop tard, le cerveau n'avait pas été régulièrement irrigué.

Le toit du cloître reposait sur de gros rouleaux de pierre grise sans fantaisie. La pluie dégoulinait en glouglous dans les gouttières. Nous avons entendu les bruits de pas sur les dalles, la porte latérale s'est ouverte.

— Qu'est-ce que vous faites là ? s'est écriée la directrice. Vous allez être toutes mouillées !

Elle a allumé dans le couloir.

— Venez vite vous mettre à l'abri ! Vous pouviez vous asseoir ici !

Nous l'avons suivie dans le couloir. Nous avions nos capuchons sous le bras. Elle s'est tournée vers la dame en gabardine qui l'accompagnait.

— Les filles, voilà mademoiselle Eugénie Martin dont je vous ai parlé hier. Elle est venue vous chercher. Vos valises sont prêtes ?

La directrice souriait. La demoiselle aussi. Elle avait le nez busqué. J'ai tout de suite remarqué ses yeux, le droit était brun, le gauche vert. J'ai appris, depuis, qu'on appelait ça un regard vairon. Elle s'est approchée de nous, a rassemblé les pans de sa gabardine claire sous ses genoux et s'est accroupie à notre hauteur. Elle portait un chapeau de feutre noir sur la tête comme un homme.

— Voyons si je ne me trompe pas, je commence par la plus grande : tu es Jeanne.

J'ai fait oui, de la tête.

— Toi, Thérèse. Toi, Monique. Moi, c'est Eugénie. Vous pourrez m'appeler Mademoiselle Eugénie ou Eugénie tout simplement, comme vous voulez. D'accord ?

Elle s'est tournée vers la directrice.

— Elles ne sont pas bavardes !

— Elles le sont. Bientôt vous leur reprocherez de vous casser les oreilles !

Elle ne me déplaisait pas, j'arrivais d'une famille où on ne m'avait pas fait de cadeaux. Elle s'est relevée. Elle était jeune. Elle devait être un peu plus grande que notre mère. Elle avait un visage sec de femme active, le teint mat et ces yeux comme personne.

— Allez, on y va ! Mais il faut mettre les capuchons.

Elle a aidé la petite Monique à boutonner le sien. Des capuchons pareils de caoutchouc vert. Elle a soulevé sa valise.

— C'est la tienne ? Elle est lourde.

Elle a pris notre petite sœur par la main. Thérèse est venue aussitôt de l'autre côté chercher la main de Monique. Le couloir était large et sonore, le plafond voûté. La directrice a tiré les verrous de la porte en bois noir sur la rue. Il pleuvait toujours aussi fort. L'eau giclait sur les marches par un trou de la gouttière.

— Attendez, la voiture n'est pas loin.

Elle a couru sous la pluie, a stationné sa voiture au pied des marches, ouvert la portière.

— Montez, les filles !

Elle a chargé les valises dans le coffre, claqué les portières, démarré. On était en rang d'oignons sur la banquette arrière, moi, l'aînée, Thérèse, la moyenne, Monique, presque un bébé.

— Vous pouvez descendre vos capuches.

Elle nous regardait dans le rétroviseur. Les femmes qui conduisaient, à cette époque-là, n'étaient pas si nombreuses.

— Je n'ai pas d'enfant. D'un seul coup, je me retrouve avec trois filles déjà grandes. Il faudra que je m'habitue. Ce sera à vous de m'apprendre.

Les essuie-glaces s'excitaient par moments et ralentissaient en gémissant.

— On ne va pas rouler bien longtemps. On a juste à traverser la ville de La Roche. Les Marguerites sont un peu après, à Saint-André, dans la campagne. Vous m'entendez, les filles ?

J'ai répondu :

— Oui.

Mes sœurs restaient silencieuses. Elles étaient tristes, c'est sûr. Moi, je ne savais pas ce que j'étais. J'avais échappé aux autres qui me battaient. Je voyais les deux petites mains de mes sœurs qui se serraient. Les essuie-glaces allaient et venaient.

— La pluie s'arrête, regardez ! Ça se dégage. Vous voyez ce bleu dans le ciel ? On arrive.

Elle a mis le clignotant. Je n'étais pas habituée à cette campagne de bocage, les prairies étroites entre les haies plantées de chênes, les ruisseaux dans les petites vallées. J'avais grandi au milieu des platitudes de la plaine, les maisons de pierre grise, les champs de blé à perte de vue. La voiture a roulé quelques mètres entre les arbres dans une allée toute droite. D'un seul coup, mademoiselle Eugénie a freiné. Elle a passé la main sur le pare-brise pour enlever la buée.

— Regardez, les enfants !

Elle a ri. La voiture était arrêtée. Le moteur ronronnait. Elle montrait devant dans la lumière au bout de l'allée.

— Les Marguerites !

Une flaque de soleil miraculeusement jaillie, comme un cadeau du ciel entre deux nuées, tremblait sur les murs et les toits d'ardoises mouillées du château.

— C'est votre maison, maintenant. Vous allez habiter là.

Nous regardions. Nous nous taisions.

2

Le soleil faisait comme une flaque aveuglante sur les graviers mouillés de la cour

Les murs du château, trop hauts, trop droits, ne m'ont pas rassurée. La tour carrée au milieu, les toits d'ardoises noires m'ont effrayée plutôt. Mes sœurs aussi. J'étais une enfant sauvage, une gosse insupportable. C'étaient les mots d'Huguette Hermenault, quand elle me dérouillait. On venait de me retirer de chez elle. Elle ôtait ses bagues pour ne pas laisser de marques et me tapait de la main sur les cuisses et les joues. Lorsque je la voyais se débarrasser de ses bijoux, je hurlais plus fort, ça augmentait sa colère et ajoutait à la correction.

C'est vrai que j'étais insupportable.

Un jour, je me suis juchée sur le toit de sa petite maison. J'ai escaladé le muret du jardin, sauté sur les tuiles par la gouttière. Je riais. Je jure que je ne pensais pas à mal faire, je m'amusais. Un soir, j'ai laissé ouverte la porte de la cour aux poules. Le renard est venu pendant la nuit. Une autre fois, j'ai mal refermé le robinet de la barrique de vin dans la cave où elle m'avait envoyée remplir la bouteille. Le fût s'est vidé. J'ai eu droit au cagibi des balais, de la serpillière et des bottes. Et aux coups de louche sur la tête.

— Mais tu as le diable dans la peau !

Le voisin, Hubert Bournezeau, venait la voir et vidait avec elle quelques bouteilles. Il lui conseillait de frapper sur la tête. Dans les cheveux, ça ne se voit pas.

J'ai toujours eu une tignasse épaisse. Elle pouvait y aller. Elle manipulait aussi la baguette en bambou. Elle visait les fesses, pas les cuisses. Les fesses, ça ne se voit pas. Elle me commandait :

— Baisse ta culotte ! Plus bas, jusqu'aux chevilles. Relève ta robe.

Quelquefois devant Bournezeau. Elle criait :

— Avec toi, j'ai tiré le gros lot. Qu'est-ce que j'ai fait au bon Dieu pour qu'on me donne une vicieuse comme toi ? Où vas-tu chercher tes bêtises ? Ton père, c'était qui ? Une tête brûlée, un voyou ?

Elle mêlait souvent le diable et le bon Dieu quand elle en avait contre moi.

— Ta pauvre mère, je n'en parle pas !

Une fois, elle a utilisé le tisonnier. D'autres, j'ai eu les mains attachées dans le dos. Je pouvais hurler. On ne m'entendait pas. La maison était isolée, à la limite du petit bois de châtaigniers et de bouleaux, à la sortie du bourg des Magnils. Je pensais qu'elle n'avait pas tort. Je me disais que je méritais les volées sur ma caboche, mes fesses, et l'enfermement dans le noir du cagibi. Je ne me pardonnais pas d'être insupportable comme ça. Je croyais normales mes corrections. J'étais persuadée que les autres filles, mes camarades d'école, étaient soumises aux mêmes raclées. Je savais qu'Huguette Hermenault recevait de l'argent pour s'occuper de moi. Elle m'avait surprise à lire le mandat du percepteur qui traînait sur le buffet.

— Qu'est-ce que tu espionnes, Cendrillon ? Ça ne te regarde pas !

Elle m'appelait aussi Jeaneton. Je n'aimais pas ça.

Elle savait aussi être gentille. C'est comme ça qu'elle avait réussi à m'avoir. On mettait de l'ordre dans la maison quand l'inspectrice de l'Assistance annonçait sa visite. Elle prenait le fer et repassait ma robe. Elle n'était pas laide femme. Ses grands yeux verts soutenaient ceux de l'inspectrice. Sa parole était douce, alors. On lui aurait donné le bon Dieu sans confession. Elle disait, en servant le café et en m'invitant à prendre des petits gâteaux dans l'assiette, que je n'étais pas toujours facile mais que, comme tous les enfants, j'avais mes bons et mes mauvais moments. Après que l'inspectrice avait refermé la porte, elle me demandait de cracher le gâteau qui me restait dans la bouche.

— Non !! Pourquoi ?

Elle me montrait la toile cirée sur la table.

— Crache-le ! Tu sais pourquoi.

Elle s'est mise en furie lorsque j'ai renversé la casserole de nouilles qu'elle m'avait commandé d'apporter sur la table et c'est ce qui l'a trahie. Elle n'a pas écouté Bournezeau. Au lieu du dos de la louche, elle a frappé avec le tranchant. Ma tête a saigné. Le lendemain, la maîtresse a vu la blessure sur ma tête.

— Je me suis cognée.

La maîtresse m'a gardée en classe à la récréation. Elle a appelé les autres maîtresses. Elles ont examiné les entailles.

— Mais il faut te soigner !

Elles m'ont badigeonnée d'alcool et de mercurochrome. Je pleurais. Je ne voulais pas parler. J'ai fini par avouer que c'était la louche de madame Hermenault. Elles exigeaient de tout savoir. Elles ont insisté. Elles ont dit que je ne retournerais pas chez cette femme. J'ai raconté le cagibi, les coups de louche, la baguette et le reste, quand Bournezeau venait boire avec elle. Elles ont parlé de mauvais traitements, téléphoné. Le médecin est venu. Je ne suis pas retournée chez Hermenault. Les vacances approchaient. On m'a mise dans une famille provisoire. J'ai été quatre ans dans la maison des Magnils aux portes de la plaine, de trois à sept ans, je préfère ne pas imaginer les séquelles.

Mademoiselle Eugénie a stationné sa voiture sous le tilleul dans la grande cour devant le château. Elle a ouvert la portière. Nous nous sommes blotties, les trois, les unes contre les autres. Nous n'osions pas descendre. Pour la première fois, mes sœurs étaient contre moi. Des gouttes de l'averse qui avait cessé continuaient de tomber du feuillage sur la voiture. Monique s'est mise à pleurer.

— Allez, les filles, maintenant descendez ! On ne va pas vous manger !

En plus d'Eugénie Martin, il y avait trois femmes en noir qui nous guettaient, le long du mur, devant les marches du perron. La plus vieille s'est approchée sur ses sabots, un foulard blanc comme un mouchoir sur la tête. J'ai pensé à une pie. Hubert Bournezeau venait avec son fusil tirer les pies qui se posaient dans le cerisier d'Hermenault. Elle a rentré son grand nez pointu dans la voiture.

— Je suis Louise, la tante d'Eugénie, creyez-vous que je veux vous faire du mal ?

Elle parlait patois, elle disait « creyez ».

La femme un peu plus jeune aux cheveux gris s'est avancée derrière elle.

— Et moi, je suis sa mère.

La vieille a pris ma main entre ses doigts rugueux et secs.

— Allez, ma fille, tu es la plus grande, montre l'exemple. Comment t'appelles-tu ?

Je me suis crispée. Monique pleurait plus fort. La vieille tante m'a tirée par le bras.

— Allez, sois mignonne !

J'ai cédé.

— Jeanne Cardineau...

— Allez, ma grande Jeanne...

J'ai descendu, me suis retournée. Mademoiselle Eugénie avait Monique en larmes dans ses bras et la présentait aux femmes.

— C'est Monique.

Thérèse les suivait, accrochée à sa petite sœur.

— Elle, Thérèse.

Les trois femmes nous ont entourées. Elles nous souriaient. Elles n'avaient pas l'air si dangereuses.

— Je suis Georgette, a commencé la mère aux cheveux gris. Vous m'appellerez mémé Georgette.

— Et moi, tante Louise, a ajouté la vieille.

L'autre femme, qui n'avait pas parlé et se tenait en retrait, un tablier bleu sur sa robe noire, les cheveux pâles relevés par un peigne sur la tête :

— Moi, je ne suis pas de la famille, je suis Victorine, j'habite là...

Elle montrait la petite maison au toit de tuiles formant le L avec le château, appuyée à la massive construction d'une grange.

— Oh ! a dit tante Louise, tu n'es pas de la famille, mais c'est tout comme !

Alors est sorti de la petite maison un homme maigre, le béret sur la tête, la figure étroite.

— Viens nous aider à porter les valises des filles, Ernest ! l'a appelé Victorine.

Il nous a à peine regardées, a murmuré « Bonjour », a pris les trois valises, une sous l'aisselle, les deux autres dans chaque main.

— Elles ne sont pas bien lourdes. Il n'y a rien dedans.

Il portait des pantalons bleus un peu sales, une chemise à carreaux, le béret en arrière. Il sentait la vache. Le soleil faisait maintenant comme une flaque aveuglante sur les graviers mouillés de la cour, les feuilles du tilleul finissaient de s'égoutter, comme les massifs de rhododendrons contre le mur. On a monté les marches derrière Ernest. Monique a recommencé à pleurer très fort quand on est entrées dans le vestibule du château. Mademoiselle Eugénie l'a déposée sur les grandes dalles noires et blanches au pied de l'escalier et elle a demandé à Thérèse :

— Occupe-toi de ta petite sœur.

Elle avait la voix dure, j'ai compris qu'elle n'aimait pas être contrariée, elle n'était pas si douce. Elle a commandé à Ernest de porter les valises dans notre chambre. Elle a interrogé les femmes :

— Alors, qu'est-ce qu'on fait ? On va le boire, ce chocolat ?

— Oui, a dit mémé Georgette, il est chaud !

Nous avons suivi, dans la cuisine.

Ça sentait bon le chocolat. Les femmes nous ont assises à la longue table rectangulaire de chêne ciré. Elles ont apporté les bols de faïence blancs aux dessins de fleurs bleus, les cuillers. Monique a cessé de pleurer quand mémé Georgette a commencé à verser le chocolat dans les bols, mais ses yeux étaient rouges, sa poitrine soulevée par ses profonds sanglots. Les femmes se sont assises avec nous, Ernest était reparti.

— Tu peux boire, vas-y ! m'a encouragée la tante Louise au nez gaufré de rides.

J'ai goûté.

— Il n'est pas bon ?

— Si.

Mes sœurs ont goûté aussi.

— Alors, on n'est pas bien aux Marguerites ?

Nous avons hoché la tête, Thérèse et moi.

Les femmes ont ri, elles ont rentré aussi leurs nez dans leurs bols et se sont mises à parler, toutes à la fois. Mémé Georgette est allée chercher la boîte de boudoirs. La tante Louise a essuyé avec son mouchoir les yeux et le nez de Monique qui a rechigné à prendre un gâteau.

— J'ai pas faim.

Louise a posé le boudoir à côté de son bol. Monique n'y a pas touché. Elle a eu régulièrement des refus de manger comme ça, longtemps, quand elle était contrariée. C'était malgré elle. La nourriture n'entrait pas. Ça ne passait pas. Elle avait pourtant besoin de s'alimenter. Elle n'a jamais été grosse. Nous n'avons presque rien mangé, nous non plus, au dîner. A cause du chocolat, sans doute. Mais pas seulement. Je me suis forcée à finir mon assiette de soupe.

Nous étions avec un quarteron de femmes qui nous semblaient vieilles ou assez, sauf mademoiselle Eugénie. Et les hommes ? Où étaient les hommes ? Je n'étais pas plus rassurée par cette assemblée de femmes. Je savais ce que j'avais enduré chez Huguette Hermenault.

Mademoiselle Eugénie nous a accompagnées dans notre chambre au rez-de-chaussée, à l'extrémité de l'aile gauche du château. Nos trois lits de fer étaient alignés.

— Ce sera votre dortoir. La chambre de tante Louise est derrière, juste à côté. Si vous avez besoin, vous l'appellerez.

Elle a ouvert les portes de la haute armoire de bois sombre.

— Prenez chacune une étagère, la place ne manque pas.

Elle a tiré la petite porte de nos tables de nuit.

— Vous avez chacune un pot de chambre. Mais si vous voulez éviter de les vider, il vaut mieux aller faire pipi avant de vous coucher.

Des pots de chambre de faïence blanche. Elle a tiré le grand rideau blanc et le soleil a ruisselé sur le plancher.

— Vous voyez, il fait beau maintenant. Allez, je vous laisse vous installer, rangez bien vos affaires.

Nous nous sommes organisées comme les grandes que nous étions, à six et sept ans, ma sœur et moi. Louise était avec nous. Nous avons rangé nos souliers, nos bottes en bas, nos trousseaux de l'Assistance publique sur les étagères de la grosse armoire ventrue. Il y avait un tabouret, je suis montée sur le tabouret pour rejoindre l'étagère la plus haute. L'armoire était presque trop profonde. Je n'arrivais pas à toucher le fond. Monique s'était couchée sur son lit, entre celui de Thérèse et le mien. Elle n'avait pas ouvert sa valise.

— Tu veux que je range tes affaires, mon petit chat ? a demandé Thérèse.

J'avais déjà entendu Thérèse l'appeler mon chat, mon petit chat. La petite n'a pas répondu.

J'ai vu une femme traverser la cour et marcher vers la grange, bottée, en cotte bleue, chemise écossaise. J'ai reconnu les cheveux défaits, le dos musclé de mademoiselle Eugénie Martin. La tante Louise est venue éteindre la lumière dans notre chambre, quand nous avons été couchées. Elle avait fermé les lourds volets et tiré le rideau blanc. Le plafond de notre chambre était haut. Il faisait très noir. J'ai entendu Monique chuchoter à Thérèse :

— Je voudrais dormir avec toi.

— Non !

J'ai entendu la petite sangloter. J'ai proposé de rapprocher nos lits. On l'a fait dans le noir. C'est moi qui l'ai fait toute seule. J'ai dit à mes sœurs de rester couchées. J'ai déplacé les tables de nuit sans bruit. Je l'avais déjà tout pensé. Les sommiers étaient des sommiers métalliques qui faisaient du bruit à chaque fois qu'on se tournait. J'ai entendu marcher au-dessus de nous. Des portes s'ouvraient, se refermaient.

— J'ai peur.

— On est là, mon chat.

En m'endormant, je me suis demandé pourquoi Eugénie, ces femmes, nous avaient prises. Est-ce qu'elles avaient besoin de nous ? Le lendemain matin, nous avions fait pipi toutes les trois dans nos lits. J'ai été victime longtemps de cette maladie, plus que mes sœurs. Les corrections de l'Hermenault déclenchaient à toutes les fois de gros pipis au lit, ce qui provoquait de nouvelles colères.

3

C'est peut-être notre chance, nous pouvons être bien ici

Nous avons eu l'explication des bruits et des mouvements que nous avions entendus la veille lorsque la tante Louise nous a accompagnées dans la cuisine, le lendemain matin. Elle nous a bousculées.

— Habillez-vous vite. Vous ferez votre toilette après. Ils veulent vous voir !

Elle a arrangé mes cheveux au passage avec ses doigts.

— Tu es coiffée comme un hérisson.

Elle nous a poussées dans le couloir et le vestibule.

— Allez-y !

Nous avions repris les robes Vichy et les sandalettes de l'Assistance. Il faisait beau. Le soleil dégoulinait à flots par les hautes fenêtres. J'ai donné la main à Monique moi aussi.

Ils étaient à table avec Eugénie devant leurs petits déjeuners, deux hommes, un grand, un petit. Comme tous les enfants j'avais du mal alors à déterminer l'âge, mais ils m'ont paru encore assez vieux. La cuisine sentait le pain grillé. Le grand s'est levé dans un froissement de sa soutane noire.

— Alors, vous avez bien dormi, les enfants ?

Monique a poussé son petit cri plaintif et reculé.

— Tu ne vas pas encore te mettre à pleurer ! a grondé Eugénie. C'est le père Sarrazin, il habite ici avec nous. Il va s'occuper de vous aussi avec moi. Il n'était pas là hier soir. Mon père et lui sont rentrés tard.

L'abbé Sarrazin frottait ses deux grandes mains blanches et inclinait vers nous ses épaules voûtées.

— Attendez, vous allez me dire si je me trompe…

Il a tendu le doigt vers moi :

— Toi, tu es Jeanne, toi la petite, Monique, et toi, Thérèse.

— C'est ça ! a dit Eugénie.

— Vous voyez, je vous connais déjà, a plaisanté l'abbé.

Eugénie nous avait joué cette comédie dans le couloir de l'Assistance. J'ai pensé : Ils nous ont choisies sur catalogue, ils prennent trois filles d'un coup, ils se sont renseignés ensemble, la directrice de l'Assistance a tourné les pages, ils ont regardé les photos, ils savent d'où nous venons, ils connaissent tout de nous, notre mère, mon caractère, Hermenault, les bêtises que j'ai faites.

Les prunelles marron de l'abbé me fixaient. Ses cheveux poivre et sel étaient taillés en une brosse courte.

— Ces petites doivent avoir faim, est intervenu l'autre homme d'une voix tranquille. Voulez-vous manger avec nous ?

J'ai aimé qu'il nous appelle les petites. Je lui ai trouvé des yeux de bon chien très doux. Sa tête était couronnée de cheveux encore très noirs, mais dégarnie en une large tonsure.

— C'est mon père, a dit mademoiselle Eugénie.

Nous nous sommes alignées sur le banc. La table, alors, était pourvue de lourds bancs à l'ancienne que nous avions du mal à déplacer, les chaises sont venues quelques années après. Mémé Georgette, la tante Louise, Victorine qui était là aussi nous ont apporté le pain, les bols, le lait.

— On vous sert ce matin, les filles, parce que c'est le premier jour, mais vous apprendrez bien vite à vous débrouiller toutes seules.

— On va s'organiser, n'est-ce pas, a confirmé l'abbé.

J'ai compris que nous aurions affaire à ce prêtre aux mains larges, aux doigts longs comme des spatules et aux grands pieds chaussés de souliers noirs, le cou serré dans un raide col romain.

— Prends une grosse bouchée ! a dit d'un ton sec Mademoiselle à Monique qui grignotait sa tartine.

— Elle va la prendre, l'a rassuré son père. Tu voudras voir mon petit veau dans l'étable ? Il est né il y a trois jours. Il est tout frisé. Il a toujours faim, lui. Tu as déjà vu un petit veau ?

Monique a secoué la tête.

— Allez, fais-nous plaisir, prends une grosse, grosse bouchée.

Monique a mordu dans sa tartine. Les plis d'un sourire ont étoilé le tour des yeux du père de Mademoiselle.

— C'est bien. Une plus grosse encore.

Tout le monde l'appelait Monmon. Son prénom était Philémon, mais les gens l'avaient oublié. « Philémon Martin ? De quel Philémon parlez-vous ? — Philémon des Marguerites... — Ah ! Monmon ! » Il a été, pour nous aussi, Monmon, alors que nous appelions sa femme mémé Georgette. Elle était une femme charpentée, la poitrine forte, les mâchoires saillantes, mais le sourire facile de grand-mère nourricière à chignon gris enfermé dans une résille de velours.

La salle de bains à côté de notre chambre et de celle de la tante Louise était toute petite. La porte ouvrait à l'intérieur. Nous nous y serrions toutes les trois.

— Elle a été suffisante jusque-là, pour moi, a expliqué la tante. Avec vous, ce sera plus juste. Vous irez chacune à votre tour. Vous mettrez vos serviettes à l'étendoir dans votre chambre.

J'étais obligée de me dresser sur la pointe des pieds pour voir mon visage en entier dans le miroir au-dessus du lavabo. J'ai soulevé Monique dans mes bras pour qu'elle se regarde. Elle a froncé, grimacé, le regard noir. J'ai ri. Elle aussi. C'était la première fois que je la voyais sourire. Je l'ai embrassée. Elle s'est tortillée.

— Laisse-moi.

La baignoire était une baignoire sabot.

— Je m'y lave les pieds, a dit la tante. Vous vous y baignerez, de temps en temps, si vous voulez. Mais il faut économiser l'eau. On est au bout du château et, si on tire trop, on n'a plus que de l'eau froide.

Georgette est venue nous chercher. Elle avait promis à Monmon de nous conduire à l'étable et elle nous a précédées sur le trottoir de briques en bordure de la grange, a refermé la porte derrière nous. Un rai de soleil tremblait dans le noir de l'étable vide par une trouée du mur étroite comme une meurtrière. Les vaches étaient parties au pré. Et nous avons entendu la voix de Monmon.

— Venez par ici, les enfants.

Il brassait la paille sous une vache toute seule dans le fond. Nous nous sommes approchées dans la pénombre. Le veau était lové tout près en fœtus sur le ciment.

— Je ne mets pas de paille sous lui, parce qu'il risquerait d'en manger. Je le vendrai en veau de lait. Il n'a le droit de boire que du lait. Il faut qu'il ait la chair blanche. Certains bandent même les yeux de leur veau parce que la lumière leur donnerait la chair rose. Mais je ne veux pas le martyriser.

Il chuchotait dans l'étable noire comme dans une église. Il m'a fait signe.

— Viens avec moi.

Il m'a ouvert la porte du parc. Le veau a dressé la tête et s'est relevé en flageolant sur ses jambes grêles.

— Caresse-le.

C'était chaud, je sentais la colonne du veau, ses côtes, son cœur qui battait vite sous la soie de la fourrure.

— Je ne lui ai pas encore donné de nom. Cherchez, les filles, vous allez me dire comment l'appeler.

Il a pris ma main.

— N'aie pas peur, laisse-moi faire.

Il a approché mes doigts du mufle humide et froid. Le souffle du veau a effleuré ma main. Il a glissé mon index dans sa gueule. La petite langue tiède s'est collée à mon doigt. Il suçait, aspirait, tirait fort.

— Tu sens comme il tète ? Il a faim !

Thérèse et Monique ont donné leur doigt à leur tour.

— Il ne va pas les mordre ? a demandé mémé Georgette.

— Ne t'inquiète pas.

Il a amené ensuite à sa mère le veau qui a trouvé tout de suite les tétines. Nous entendions le lait couler dans sa gorge. Nous sommes sorties et Monique en riant a dit :

— Berlingot !

— Berlingot, pourquoi ?

— Parce que...

— C'est joli, Berlingot, a dit Georgette.

Des taches de soleil frissonnaient dans l'ombre du tilleul. Le rosier grimpant à droite du perron et de la tour étalait ses fleurs rouges sur un fil tout le long de la façade.

— Le château était une ruine quand on est arrivées là. On a travaillé pour le remettre en état. Monmon a travaillé. On a tous travaillé. Vous voulez en faire le tour ? Il faut que vous connaissiez votre maison !

Monique regardait le doigt que le veau avait tété et oubliait de donner la main à Thérèse. Mémé Georgette nous a fait entrer. On s'est déchaussées dans le vestibule avant de gravir le grand escalier tournant en bois noir. Nos pieds nus se sont enfoncés dans le tapis rouge fixé par des tringles de cuivre.

— Evitez de poser les mains sur la rampe, les filles, pour ne pas mettre des traces de doigts partout, après il faut frotter.

Nous avons regardé d'en haut, à la fenêtre du palier, la cour carrée, les bâtiments de la ferme et l'allée qui filait bien droite jusqu'à la route entre les talus plantés de chênes et d'acacias. Nous nous sommes alignées toutes les trois, les pieds sur la barre transversale au bas de la balustrade du palier et, la tête entre les barreaux, nous avons fixé en silence, sous nous, le puits vertigineux de la tour de l'escalier jusqu'au carrelage à damier du vestibule. Tout était si vaste, si impressionnant, ici. Nous étions si petites. Est-ce que ce château était bien fait pour nous ? Mes sœurs n'avaient connu que le dortoir de l'Assistance et moi l'enfermement de la maison de l'Hermenault. Georgette ne nous a pas ouvert les portes des chambres d'Eugénie et de l'abbé, côte à côte dans le couloir de gauche, elle a ouvert la sienne à droite, nous a montré le couple de mariés sur la photo jaunie de la commode.

— Qui est-ce ?

Nous avons haussé les épaules.

— C'est Monmon et moi !

Mémé Georgette était menue alors, avec les cheveux noirs et bouclés. Monmon, méconnaissable, le crâne garni de cheveux, souriait derrière une moustache frisée. La petite fille avec un cerceau sur l'autre photo dans le cadre à côté était mademoiselle Eugénie.

Le tapis d'escalier s'arrêtait à hauteur du premier étage, les marches de bois ciré vers le second étaient nues, les chambres vides.

— Quand vous serez plus grandes, si vous êtes encore avec nous, vous dormirez peut-être dans une de ces chambres.

La porte étroite du grenier, au-dessus, raclait le plancher.

— On y rangera vos valises, tout à l'heure.

Des tableaux aux encadrements dorés étaient accrochés sur les murs des couloirs et de la tour d'escalier.

— C'est Eugénie qui a peint ces cadres.

Elle disait des « cadres » pour désigner les tableaux. Ils le disaient tous, sauf Eugénie qui ne supportait pas de les entendre réduire ses peintures à des éléments de décor. Elle peignait bien des paysages de campagne et de bord de mer aux couleurs vives, des troupeaux sous les arbres, des bateaux tirés sur les plages. La tante Louise moulinait les pommes de terre de la purée du déjeuner dans la cuisine. Elle a levé la tête.

— Ah ! voilà les petites châtelaines !

Nous sommes sorties par la porte de derrière, sous la marquise. Georgette s'est assise sur le muret de pierre de la douve. L'eau de la douve était immobile et verte. Quelques plumes flottaient à la surface.

— A la fin de la saison, elle est toujours comme ça. Les canards barbotent. Vous verrez comme l'eau y court en hiver.

La barrière de la pâture était ouverte. J'ai interrogé mémé Georgette des yeux.

— Oui, vas-y, vous pouvez y aller !

J'ai démarré la première. Nous nous sommes élancées sur la pente de la grande prairie.

— Attention à ne pas marcher dans les bouses ! a crié Georgette.

Thérèse courait derrière moi.

— Attendez-moi, a crié Monique.

J'ai toujours aimé courir. J'avais du souffle, alors. La prairie des Marguerites est profonde, après un faux plat elle descend brusquement dans la vallée de la rivière. Je me suis retournée, je ne voyais plus Georgette sur le muret. Alors j'ai ouvert les bras comme un avion et me suis mise à crier, n'importe quoi, comme ça, un cri de gorge. Je regardais le ciel tout bleu, les frondaisons roussissantes des grands arbres du bord de l'eau. Thérèse a ouvert les bras et m'a imitée. Je me suis arrêtée aux noisetiers et aux saules de la rive. J'étais essoufflée mais je criais toujours. Un couple d'émouchets tournait au-dessus de nos têtes. Monique nous a rejointes en pleurnichant.

— Pourquoi vous ne m'avez pas attendue ?

J'ai pris mes sœurs par les épaules.

— Petites châtelaines !

Nous avons formé un cercle et avons tourné en sautillant, criant encore et mêlant nos voix. Monique a lancé :

— Berlingot !

Et alors, toutes ensemble :

— Berlingot ! Berlingot !

Nous avons roulé dans l'herbe, transpirantes et rieuses en reprenant notre souffle. Je me suis approchée de la rivière pas très grosse. Des poussières glissaient comme une crème à la surface des eaux basses. Des racines de saule émergeaient de la rive comme des doigts de sorcière. J'ai dit :

— On reviendra pêcher.

Mes sœurs m'ont interrogée des yeux, incrédules, perplexes. La voix de mémé Georgette s'est élevée au loin, là-haut :

— Jeanne ! Les filles ! Qu'est-ce que vous faites ?

— Berlingot, ho, ho ! a répondu Monique en sautillant sur place.

Nous avons sautillé.

— Berlingot, ho, ho !

Et remonté la prairie.

— Pourquoi vous êtes-vous sauvées ? nous a grondées Georgette. On ne vous voyait plus.

— Nous ne nous sommes pas sauvées.

— Ne recommencez pas !

L'après-midi, nous sommes allés chercher les haricots dans le champ avec le tracteur. Nous nous sommes assises au bord du plateau de la remorque avec la tante Louise, Georgette et Victorine. Monmon conduisait, Ernest à côté de lui sur le garde-boue. Les sabots de la tante se balançaient devant mes yeux au-dessus du chemin blanc. Il me semble avoir toujours vu la tante en sabots.

Le champ de la Grue s'étend sur le plateau, de l'autre côté de la rivière. Un pin parasol couvre sa barrière. Les pieds de haricots arrachés séchaient en tourettes sur des piquets plantés partout à travers le champ. Dans les aveuglements du soleil, les tourettes semblaient des femmes en prière, comme sur *L'Angélus* de Millet qui illustrait le calendrier des Postes de l'Hermenault. J'ai voulu aider à charger les haricots sur la remorque. Victorine m'a prêté sa fourche, mais elle était lourde, le manche gros. La tante Louise a ouvert quelques cosses de haricots. Ils n'étaient pas complètement secs. Monmon a dit qu'ils allaient maintenant les étaler sur une grande bâche au soleil avant de les battre. J'ai fourré trois grains tendres de haricot dans ma bouche et ils ont tourné autour de ma langue une partie de l'après-midi. Nous avons marché derrière le tracteur sur le chemin du retour. Il faisait chaud, l'air était sans souffle, la lumière poudrée annonçait pourtant la fin de l'été. J'ai chanté la chanson que j'avais apprise à l'école des Magnils :

« Dans le jardin d'mon père,
Les lilas sont fleuris...
La caille, la tourterelle
Et la jolie perdrix... »

Mes sœurs ont repris avec moi et même mémé Georgette. Le chargement de haricots cahotait sur le chemin blanc. La tour rectangulaire des Marguerites pointait la pyramide de son chapeau derrière les chênes de la haie et les peupliers de la vallée. J'ai pensé : C'est peut-être notre chance, nous pouvons être bien, ici.

Une femme que je n'avais pas encore vue est alors sortie sur le seuil, au bruit du tracteur et de la remorque qui entrait dans la cour. Elle nous a attendues, bras croisés, et je me suis dit qu'elle allait encore nous examiner comme des bêtes curieuses. Nous avons cessé de chanter.

— Ne vous inquiétez pas, les filles, a dit Louise, c'est Jacqueline.

Elle a montré la voiture bleue sous le tilleul.

— C'est sa petite Dauphine.

Elle aussi conduisait. Nous avons rechigné à avancer devant Georgette et Louise mais, je ne sais pas pourquoi, j'ai tout de suite été rassurée par cette femme jeune au teint clair mais aux cheveux frisés très noirs, mi-courts, la raie sur le côté. C'était sans doute son sourire. Nous l'avons suivie dans le vestibule et la cuisine. Elle portait une veste cintrée, sa vaste jupe flottait sur ses mollets.

— Nous allions prendre le thé, a dit mademoiselle Eugénie qui avait sorti deux tasses.

Et Jacqueline :

— Vous devez avoir soif, les filles ?

— Sûrement, a répondu mémé Georgette, il fait chaud, et elles ont chanté tout le long du chemin, elles chantent bien.

— J'ai apporté de la limonade. Est-ce que vous aimez la limonade ?

Jacqueline avait dans la main la bouteille blanche et son bouchon fermoir de porcelaine et de caoutchouc. Nous avons hoché la tête toutes les trois. Georgette a sorti les verres. Nous nous sommes assises à la table avec elles.

— Jacqueline, c'est ma sœur, a dit Mademoiselle.

Nous les avons regardées. Jacqueline était différente, plus grande, moins mate de peau, mais les yeux noirs et tendres comme un velours.

— Enfin, c'est comme ta sœur, a corrigé Georgette.

— Nous ne sommes pas sœurs comme vous, a expliqué Jacqueline. Nous sommes copines d'école depuis toujours, et nous avons été camarades de communion. Vous comprenez ?

J'ai fait oui. La limonade était fraîche. Je ne buvais jamais de limonade chez Hermenault. Je ne suis pas sûre d'en avoir goûté, avant. Il me semble que ma première limonade a été cette fin d'après-midi-là, au château.

— Jacqueline est institutrice, mais pas ici, à La Roche, a ajouté Mademoiselle. Vous n'irez pas à son école. Mais il faudra bien travailler, je lui montrerai vos cahiers.

— Je viens souvent aux Marguerites, a acquiescé Jacqueline en souriant, c'est un peu ma deuxième maison. Vous verrez, vous n'aurez pas de mal à vous habituer.

Mais après le Benedicite, le soir, au dîner, Jacqueline était partie, l'abbé Sarrazin a dit :

— Demain, nous passerons aux choses sérieuses, les filles.

Qu'est-ce que cela signifiait ? Monique a gémi dans son lit après que la lumière a été éteinte :

— J'ai peur.

J'ai murmuré :

— Petite châtelaine...

Et :

— Berlingot, ho, ho !

Nos alèses de caoutchouc émettaient un curieux bruit de bouche, comme un baiser, lorsque nous nous tournions.

— J'ai peur !

Le sommier de Thérèse a cliqueté dans le noir.

— Je suis là, petit chat.

4

Tout se savait à Saint-André, à cette époque-là

Mademoiselle est entrée dans la chambre, le lendemain matin, quand nous finissions notre toilette. Nous avions encore fait pipi au lit. Elle nous a commandé d'ouvrir la fenêtre pour aérer. Elle s'est fâchée en découvrant nos trois lits rapprochés.

— Qu'est-ce que c'est que ce capharnaüm ?

La tante Louise a voulu expliquer que Monique avait peur, nous dormions mieux les unes contre les autres.

— Vous allez remettre ces lits en place, les filles. Monique n'a aucune raison d'avoir peur.

Elle a vérifié que nous remettions nos gants de toilette aux crochets-ventouses dans la salle de bains, a demandé nos brosses à dents et contrôlé qu'elles étaient mouillées. Elle a ouvert la porte de l'armoire et exigé que les vêtements soient parfaitement alignés. Elle est partie.

— Dépêchez-vous ! Je vous attends.

La tante Louise a chuchoté dans son dos :

— Méfiez-vous, les filles, du grand gendarme.

Mademoiselle Eugénie nous attendait dans la petite salle sous l'escalier. Sa jupe grenat étroite lui aplatissait le ventre. Ses cheveux noirs étaient tirés en un chignon strict. Elle sentait bon le parfum de vanille épicée que j'avais respiré quand nous étions montées dans sa voiture. De la voir au volant dans son joli imperméable clair, j'avais pensé, je l'avoue : Je voudrais bien une maman comme elle. La fenêtre donnait derrière sur les douves et la prairie. L'abbé est arrivé dans sa soutane de toile à fermeture-éclair depuis le haut jusqu'en bas. Il s'est assis à côté d'elle, dos à la fenêtre sous la croix de bois noir accrochée au mur enduit à la chaux. Son souffle faisait un peu de bruit quand il respirait. Nous nous sommes alignées en face, bras croisés sur la table de bois blanc. Des pieds chaussés de feutre ont traversé le vestibule. Mademoiselle a appelé :

— Maman, viens !

Mémé Georgette a ôté son tablier avant de s'asseoir à côté de sa fille. Mademoiselle Eugénie nous a dit que cette pièce serait à nous, nous y apprendrions nos leçons et ferions nos devoirs, ce serait notre salle des exercices. Ce serait là que l'abbé Sarrazin nous donnerait les cours de catéchisme. Il a acquiescé.

— Tu devrais faire ta première communion cette année, Jeanne, m'a dit Eugénie, tu es grande, tu as l'âge.

— Normalement, a confirmé l'abbé, si tu le mérites et si tu apprends bien tes prières.

J'avais les bras serrés, les jointures des doigts me faisaient mal. L'Assistance publique nous habillait dans des blouses à carreaux bleus et blancs que nous enfilions par-dessus nos robes. C'est plus fort que moi. Encore aujourd'hui, on me dit que je prends un drôle d'air buté lorsqu'on m'interpelle, je me replie, me rétracte, comme sous la menace, je deviens sourde. J'ai pris le pli de me mettre en boule avec Hermenault. Elle cognait de plus belle.

« On te tuerait, tête de mule, tu ne céderais pas, hein ! »

— Tu as entendu ce que j'ai dit, Jeanne ? a insisté l'abbé.

Ils me regardaient tous, mes sœurs aussi. J'ai répondu, la gorge serrée.

— Oui.

— Pourquoi prends-tu tout de suite des manières de hérisson ? m'a reproché Mademoiselle. Nous vous avons inscrites à l'école de Saint-André. La directrice, madame Charneau, est une bonne institutrice. Je vous accompagnerai en voiture le premier jour, après vous irez à pied. Le bourg n'est pas loin, deux petits kilomètres. Ça vous fera de l'exercice. La rentrée est dans trois jours. Vous allez prendre de bonnes habitudes, vous coucher tôt, vous lever de bonne heure. J'ai préparé pour vous et pour nous, avec l'accord de l'abbé Sarrazin, un petit règlement.

Elle a montré la feuille sur la table devant elle.

— C'est bien que ça soit écrit. Tout y est, les heures, les repas, les jeudis, les dimanches. Ça nous évitera des explications inutiles.

Elle s'est adressée à Thérèse et moi.

— Votre petite sœur ne sait pas lire, vous lirez pour elle.

Elle a quitté sa chaise, fixé le règlement avec des punaises sur le panneau de la porte, a désigné l'autre feuille sur la table.

— Vous arrivez à trois. Ça donne du travail à la maison. Nous avons organisé un calendrier des tâches ménagères. Vous serez heureuses, j'en suis sûre, d'aider mémé Georgette, la tante Louise et moi à la vaisselle, au balayage et au ménage. En même temps ce sera pour vous une excellente formation. Et, pour éviter toute contestation, je vous ai réparties en deux équipes. Monique est encore jeune. Une semaine, elle sera avec Jeanne, l'autre avec Thérèse. Par exemple, le jour où Jeanne sera de vaisselle avec Monique, Thérèse balaiera toute seule, et l'inverse le jour suivant. Vous avez compris ? J'adapterai les tours au calendrier, chaque semaine.

Son œil vert et son œil brun brillaient, elle souriait, mais il était clair que nous n'avions pas notre mot à dire. Elle a punaisé la seconde feuille auprès du règlement. Pourtant la petite voix tremblante de Monique s'est élevée :

— Je voudrais faire la vaisselle avec Thérèse.

— Tu la feras avec elle, une fois sur deux.

J'ai dit :

— Ça m'est égal de la faire toute seule.

Mademoiselle a cessé de sourire. Elle a regardé sa mère et l'abbé. Monique avait les larmes aux yeux.

— Bon, a tranché Mademoiselle, je veux bien pour commencer. Mais les petits privilèges ne dureront pas, Monique.

— Merci pour ma sœur, m'a murmuré Thérèse lorsque nous sommes sorties.

La capricieuse Monique chuchotait, contente et rieuse :

— Jeanne Hérisson ! Jeanne Hérisson !

Peut-être Victorine et Georgette ont-elles parlé à la boulangerie ou à l'épicerie de Saint-André. Ou l'abbé, que la paroisse mobilisait souvent en renfort. Il a fait frais, le matin de la rentrée scolaire de septembre 1960. Les nuits étaient froides, les jours, chauds. Nous portions les mêmes blousons de toile bleue délavée par-dessus nos blouses à carreaux. Il m'a semblé que tout le monde guettait notre arrivée lorsque j'ai poussé la porte piétonnière de la cour de récréation. C'était sans doute une illusion de fille mal dans sa peau. Je détestais être habillée comme mes sœurs dans ces blousons et ces sarraus démodés. Les cris des élèves m'ont semblé baisser. Des filles se chuchotaient des choses qui les faisaient rire. Mes sœurs m'ont dit qu'elles aussi ont eu l'envie de prendre leurs jambes à leur cou. L'Assistance ne nous permettait pas de choisir notre trousseau. Nous portions toutes les trois, même

Monique, de semblables cartables en faux cuir brun trop grands pour nous.

Je suis sûre que la majorité des filles étaient au courant. L'école n'était pas encore mixte. Nous étions descendues de la voiture devant le lourd portail de bois, mademoiselle Eugénie était restée à son volant. Tout se savait à Saint-André, à cette époque-là. Tout le monde se connaissait, et nous, nous connaissions qui ? Nous étions les sans-famille des Marguerites que mademoiselle Eugénie Martin avait prises chez elle. Les voisines et voisins du hameau de la Trézanne nous avaient repérées quand nous tournions autour du château depuis notre arrivée, il n'y avait pas huit jours.

Nous étions toutes les trois comme des naufragées, à l'entrée de la cour. Deux gros tilleuls encore en feuilles en couvraient la moitié. Madame Charneau a descendu les marches de sa classe, grande, raide, la figure longue, le sifflet sur sa blouse blanche. Son mari dirigeait l'école des garçons, un mur de parpaings séparait les deux cours de récréation. Elle a dit qu'elle nous attendait, elle a pris Monique par la main et nous a montré nos classes. Mademoiselle avait prévenu que notre petite sœur ne serait pas avec nous, puisqu'elle était en maternelle.

— Tu ne pleureras pas encore, lui avait-elle dit avec la pointe dure dans la voix. Tu ne pleureras pas comme les petits de trois ans qui vont pour la première fois à l'école !

Monique serrait les doigts autour de la poignée de son cartable. Son menton tremblait lorsque nous nous sommes éloignées. Les trois classes de l'école s'alignaient côte à côte sur le côté de la cour, trois portes grises à double vantail et parements de briques, deux marches de granit, deux larges fenêtres à petits carreaux pour chacune, de gauche à droite la classe maternelle, puis celles des moyens et des grands. La cloche a sonné. Nous nous sommes rassemblées devant les marches des moyens, Thérèse derrière moi. La maîtresse, mademoiselle Robert, a demandé de prendre les distances avec le bras. Aux Magnils, on le faisait aussi. Le ciel était gris souris. Le soleil tardait. Des lambeaux de brume s'accrochaient aux branches des tilleuls. Une main m'a bousculée. Une fille a lancé dans le rang par-derrière :

— Sans-famille !

Je ne me suis pas retournée.

— Sans-famille !

J'ai entendu quelques rires étouffés. Il m'a semblé que les filles regardaient la grande asperge aux cheveux filasse à trois places derrière nous. La maîtresse a demandé le silence en circulant entre les deux rangs. Nous sommes entrées en classe. Nos noms sur des cartons indiquaient nos places. Thérèse n'était pas à côté de moi. Elle avait sa table à droite avec les filles de la division des CP, moi à gauche avec celles des CE. La grande asperge était une CE. J'ai aperçu la blouse de Monique par la porte vitrée qui communiquait avec la classe maternelle. Je me souviens de l'odeur de la classe, ce matin de rentrée, mélange de cire – les pupitres avaient été cirés –, de poussière âcre de souliers incrustée entre les lattes grises du plancher que nous arrosions avec une gamelle percée avant de balayer, de relents de livres usagés, prêtés par l'école, qui nous attendaient sur les pupitres, et d'eau de Cologne dont certaines élèves coquettes s'étaient aspergées. Je me souviens de la morale de ce premier matin à la craie au tableau. La maîtresse avait tiré des traits comme des lignes de cahier et, de sa plus belle écriture, avec des pleins et des déliés, elle avait écrit : *Travaillons à bien penser.*

5

Je pensais au képi de mon père

Il y a donc deux kilomètres pour aller des Marguerites à Saint-André. La route descend après l'allée du château, franchit la rivière, remonte, traverse le hameau de Noiron au sommet, continue en faux plat vers celui de l'Aumône. Passé la statue de la Vierge à la sortie, elle longe le grand mur du cimetière, un grand Christ en croix veille sur les tombes, et on arrive aux premières maisons du bourg.

Mais l'école était à l'autre bout du village, elle y est toujours, dans le contrebas après l'église. Nous sommes parties à pied, le lendemain de la rentrée. Deux kilomètres, ça compte, pour des jambes d'enfant. Il bruinait. Je n'aimais pas, non plus, nos capuchons sans manches avec d'étroites ouvertures pour les mains sur les côtés, je m'y sentais prisonnière. Mademoiselle nous avait recommandé de marcher sur le bas-côté, « la banquette » disait la tante Louise, même si la circulation n'était pas celle d'aujourd'hui. L'herbe fauchée mouillait nos souliers. Les chênes des haies, qui parfois se rejoignaient en tonnelle au-dessus de la route, s'égouttaient sur nous, mais quand nous avons passé Noiron, j'ai décrété qu'il ne pleuvait plus, j'ai déboutonné le capuchon qui m'a flotté dans le dos, je n'ai gardé que la capuche sur la tête. A l'arrivée, ma blouse, ma chemise, étaient mouillées. Je suis restée humide toute la journée. J'ai commencé à éternuer, l'après-midi. Le lendemain, j'avais la gorge en feu.

— Bien fait, m'a lancé Eugénie. Ça t'apprendra. Tu n'avais qu'à rester couverte.

Elle m'a noué un cache-nez de laine chinée, qui me piquait, autour du cou.

— Tu iras à l'école quand même !

Thérèse avait parlé. Elle a dit pour le capuchon. Elle est franche, plus confiante que moi, brave. Ça ne lui a pas mal réussi. Ma cadette a eu cette chance. Mais quand on a été sevré d'amour, on est tenté par tout ce qui passe, on devient vite boulimique et on attrape n'importe quoi.

La grande asperge s'appelait Suzanne, elle était la fille d'un artisan-maçon de Saint-André. Les filles du bourg se croyaient supérieures aux filles de la campagne dont elles se moquaient. Suzanne avait autour d'elle une cour qui l'accompagnait pendant les récréations et riait dès qu'elle ouvrait la bouche. Les maîtresses organisaient souvent des jeux, mais leur bande s'arrangeait pour se retrouver dans le même camp. Elle avait un frère à l'école des garçons et très vite, après une semaine, j'avais encore mal à la gorge, les garçons nous ont sifflées quand nous traversions le bourg : « Sans-famille ! Cosette ! » Ceux de l'Aumône, qui nous avaient parlé et marchaient avec nous les premiers jours, nous évitaient maintenant et partaient avant nous, et nous nous retrouvions seules, toutes les trois, sur la route. Et la gentille fille de la boulangère, qui sortait de son cartable des caramels du magasin de sa mère et les distribuait, accélérait le pas dans la descente après l'église pour ne pas arriver sur la cour en même temps que nous.

Nous avons supporté cela pendant plus d'un mois. Heureusement, il y avait le chien Bouboule, le bâtard noir et blanc de la grand-mère Soulard, sitôt le cimetière à l'entrée du bourg. Il accompagnait sa maîtresse très dévote tous les matins à la messe et l'attendait, sagement assis, à la porte de l'église. Tout le monde dans le bourg connaissait Bouboule. Il avait reçu des coups de pied par tout le monde. Parce qu'il avait mangé des œufs dans un poulailler, des gars du bourg avaient rempli une coquille de vinaigre et de poivre et la lui avaient enfoncée dans la gueule, mais il était adorable, il n'avait pas de rancune et, quand nous rejoignions le cimetière, il était là à l'angle du mur, tous les jours il nous attendait. Nous ne l'avons pas entendu aboyer souvent. Ce n'était pas un gros chien. Il était plutôt maigre et ne méritait pas son nom, ou alors c'était avant. Il faisait semblant de se trouver là par hasard, nous regardait à peine, reniflait les pierres du mur, les arrosait un peu, et se mettait à trottiner derrière nous. Monique surtout, quelquefois, en marchant, se retournait et lui caressait la tête. J'avais la conviction, à ce moment-là, que Bouboule souriait. Il nous accompagnait jusqu'au portail de l'école, puis il s'en allait.

Mais un lundi de la fin d'octobre, après la cantine, j'étais aux cabinets, Monique et Thérèse tenaient la porte qui fermait mal, et j'ai entendu Suzanne :

— Abandonnées ! Abandonnées !

Les filles de sa bande ricanaient. Je me suis reculottée.

— Tu as intérêt à laisser mes sœurs tranquilles !

La grande Suzanne me dominait de la tête et peut-être des épaules, mais je n'avais pas peur.

— On n'est pas abandonnées ! Notre mère est malade. Notre père est militaire. On est aux Marguerites parce qu'il est capitaine en Algérie dans l'armée.

Ça sortait comme ça. La seconde d'avant, je faisais pipi. Les mots me coulaient de la bouche tout seuls.

— Menteuse ! Menteuses ! Abandonnées !

Monique et Thérèse se blottissaient derrière moi. Les six ou sept filles de Suzanne avaient refermé leur cercle sur nous.

— Mon père est capitaine. Tu sais ce que c'est, un capitaine ? Il commande une compagnie, là-bas.

— Sale menteuse !

Nous nous sommes prises par les mains. Elle a enfoncé ses ongles, moi aussi.

— A Tizi-Ouzou, il fait la guerre aux fellaghas. Il ira trouver ton père, si tu veux, quand il viendra en permission !

— Sale menteuse !

Les autres filles riaient moins fort. Tizi-Ouzou, fellaghas impressionnaient. J'ai de la mémoire, j'imprime même ce qu'il ne faudrait pas, je n'ai jamais répété mes leçons de catéchisme, je lisais une fois avant que le père Sarrazin m'interroge. Tous les matins, Monmon écoutait les informations à la radio pendant le petit déjeuner. Les événements d'Algérie occupaient plus de la moitié du journal. J'avais entendu parler des attentats de Tizi-Ouzou et de Constantine. Les filles s'interrogeaient des yeux.

— Si je t'entends une autre fois insulter mes sœurs et m'insulter, je le dis à la maîtresse et à mademoiselle Eugénie, elles diront leurs vérités à ton père et aux vôtres, les filles !

La grande Suzanne a ôté ses ongles, elle a sifflé :

— Sans-famille !

Mais elle a été seule à ricaner. Elle m'a tourné le dos. Sa bande a suivi. On est restées en haut des marches de la terrasse des cabinets. Je tremblais. Mes sœurs me regardaient. J'ai souri. Thérèse a murmuré :

— Tu es blanche.

On est rentrées en classe. Au retour de l'école, je leur ai dit :

— Vous ne dites rien à personne, personne. Tu m'entends, Thérèse ?

Monique a répondu sans rire :

— Berlingot, ho, ho !

Bouboule ne nous accompagnait pas, le soir. Il avait sans doute à faire ailleurs.

Notre « chance » a été que le fils Garraud ait été tué quelques jours après dans une embuscade. Saint-André n'a plus parlé que de la guerre et des malheureux appelés en Algérie. La mère de Félicien Garraud s'est évanouie lorsque le maire a frappé à sa porte avec ses deux adjoints. Vingt-quatre jeunes de la commune étaient mobilisés sous les drapeaux. Félicien Garraud était la première victime. Les cafés étaient déjà pleins, le matin de l'enterrement, quand nous avons traversé le bourg avec Bouboule. Nous n'avions jamais vu autant de monde dans les rues à cette heure-là. Des porte-drapeaux en costumes noirs et cravates palabraient déjà sur la place, des anciens combattants avec leurs médailles. Des ouvriers montés sur des échelles installaient des haut-parleurs sur le parvis de l'église qui ne serait pas assez grande. Nous n'avons pas beaucoup travaillé, cette matinée-là. Le maire avait sollicité notre présence à la cérémonie, mais il avait finalement préféré nous garder pour le dépôt de gerbes au monument aux morts, le 11 novembre. Madame Charneau a demandé d'ouvrir les fenêtres et nous avons écouté en silence lorsque le préfet a parlé sur la place.

J'ai entendu des noms et des mots que je connaissais, Ferhat Abbas, FLN, référendum d'autodétermination du général de Gaulle. La maîtresse nous a donné des explications, j'ai levé la main pour ajouter des informations. Les filles de la classe nous écoutaient, étonnées de mes connaissances. Tous les matins, avec Monmon, je ne manquais pas un mot des informations. J'en savais plus que Georgette ou la tante Louise, et même Mademoiselle. Monmon répondait à mes questions. J'aimais sa patience à m'expliquer et nouer les fils des histoires. Il était un homme des bêtes et des champs. Il attrapait son béret au perroquet du vestibule quand il sortait. Eugénie lui aurait préféré un chapeau.

— Je n'ai pas une tête à chapeau.

Heureusement que j'ai eu Monmon aux Marguerites. La grande Suzanne n'a plus osé nous embêter et nous attaquer sur notre père, après l'enterrement. Nous avons joué à l'élastique avec des filles qui nous tournaient le dos, avant.

Nous en sommes arrivées à nous demander si mon mensonge n'était pas vrai. J'ai chuchoté aux filles un soir dans la chambre :

— Qu'est-ce qui prouve que votre papa ou le mien, ou les deux, ne sont pas des soldats ? Pourquoi notre maman n'aurait pas rencontré un militaire de la caserne en permission ?

— Un capitaine… a murmuré Monique.

— Il est parti en Algérie.

— Ce serait possible qu'elle en aurait rencontré deux ? a demandé Thérèse.

J'ai ri, tout bas.

— Si elle en a rencontré un, pourquoi pas un autre ?

Monique a ri.

— Peut-être son frère !

Et Thérèse :

— Ils sont ensemble à Tizi-Ouzou.

Nous avons ri toutes les trois. Nos pères étaient capitaines. Ils avaient des galons dorés sur leurs képis. Nos draps collaient au caoutchouc des alèses. Les ressorts des sommiers ont fait du bruit. J'ai dit :

— Deux capitaines pour le prix d'un !

On a ri encore. Et on n'a plus rien dit. Je pensais au képi de mon père. J'ai décidé d'interroger Monmon sur les grades et les uniformes. J'ai entendu s'allonger les souffles de Thérèse et de Monique qui dormaient.

J'ai écouté les résultats du référendum. Monmon m'a expliqué ce que signifiait OAS. Et puis un soir d'avril, au retour de l'école, le soir des vacances de Pâques, nous étions contentes, Eugénie et l'abbé nous ont attendues sur le perron. Quand elle est en colère, les yeux de Mademoiselle s'assombrissent jusqu'au noir, les deux, ils deviennent de la même couleur.

— On a quelque chose à vous dire. Vous prendrez votre goûter après.

Du doigt, elle nous indiquait la salle des exercices. Ils se sont assis dos à la croix, à leur place habituelle.

— Vous, restez debout ! Croisez les bras !

Elle a commencé en douceur, mais sa voix vibrait.

— On nous a appris de belles choses au bourg. Il paraît que vous avez des nouvelles de votre père ?

Mes sœurs ont baissé les yeux.

— Monique et Thérèse, regardez-moi ! Alors vous ne voulez pas me dire ce que vous racontez à vos camarades à l'école ? C'est toi, Monique, qui le racontes ?

Le visage de Monique s'est chiffonné, elle a émis un hoquet, le début d'un sanglot.

— Arrête de pleurnicher, comédienne !

Alors je suis intervenue :

— C'est moi.

— C'est toi, quoi ?

— C'est moi qui l'ai dit.

— Tu as dit quoi ?

Je n'ai pas répondu. Elle a élevé le ton.

— Tu as raconté quoi ?

— Vous le savez.

Elle a demandé aux filles de sortir. Elle s'est levée, les a regardées traverser le vestibule et rentrer dans la cuisine pour y recevoir leurs tartines. L'abbé Sarrazin a joint le bout de ses doigts et parlé lentement.

— Tu as raconté que votre papa était militaire et qu'il se battait en Algérie, n'est-ce pas ?

Je me suis tue.

— Pourquoi as-tu menti ? Pourquoi as-tu inventé tout ça ?

Je n'ai pas répondu.

— Tiens-toi ! a explosé Eugénie en me soulevant le coude pour que je reste droite.

— Eh bien, maintenant, m'a dit l'abbé, tu vas réparer ta faute et t'excuser auprès de tes camarades à qui tu as menti.

Je n'ai pas bougé, je les regardais, bras croisés, silencieuse.

— Pourquoi tu as fait ça ? a insisté Eugénie.

Je la fixais, sa main est partie.

— Tu vas me répondre !

J'ai pris la claque sur la joue et le nez.

— Ne ris pas !

Je ne sais pas si j'ai souri. Les larmes roulaient dans mes yeux. J'ai murmuré :

— Non.

— Non, quoi ?

— Non, je ne dirai pas que j'ai menti.

J'ai essuyé mes yeux avec mon doigt et ajouté :

— Qu'est-ce que vous en savez, si j'ai menti ?

Elle m'a regardée, les yeux noirs.

— Bien, puisque c'est ainsi, insolente, tu resteras ici jusqu'à ce que tu aies changé d'avis. Tu sortiras quand tu seras devenue raisonnable.

L'abbé s'est levé. Ils ont fermé la porte à clé. Je me suis assise à la table. Le jour a baissé à peine. Le château des Marguerites est orienté est-ouest, la façade au couchant. En avril, le noir tarde. Elle a ouvert la porte à l'heure du dîner, allumé quand même la lumière. Je n'avais pas bougé de la table.

— As-tu changé d'avis ?

Devant mon silence buté, elle est repartie.

Mémé Georgette m'a apporté du pain et de l'eau. Je n'y ai pas touché. A neuf heures, la tante Louise est venue me chercher.

— Viens te coucher, ma petite fille.

Mes sœurs me regardaient, j'ai vu qu'elles étaient tristes. Thérèse m'a demandé :

— Qu'est-ce que tu vas faire ?

Je n'ai pas répondu. Elle a murmuré après, dans le noir :

— Si tu veux, je dirai aux filles qu'on a un peu menti...

— Non ! Tais-toi ! Tu ne diras rien.

Je suis retournée dans la salle des exercices, le lendemain matin. Le pain était toujours sur l'assiette, je n'y ai pas touché. J'ai bu un peu d'eau. Mémé Georgette est venue à midi.

— Mange ton pain. Tu veux être malade ?

L'abbé s'est assis à côté de moi dans la soirée.

— Je ne sais pas si ta communion va être possible. Je te croyais prête. Tu gâches ta préparation bêtement.

J'ai pensé : Tu peux dire ce que tu veux, n'importe quoi, je m'en fous, tu n'es pas mon père, tu ne sais pas qui est mon père, j'ai le droit d'avoir un père soldat.

J'ai mangé ma tartine de pain, le soir.

— C'est bien. Tu deviens conciliante, s'est rassurée mémé Georgette. Pourquoi tu fais ta mauvaise tête ?

J'ai repoussé la main qu'elle posait sur mon épaule lorsqu'elle m'a emmenée me coucher.

J'ai attendu que mes sœurs soient endormies et j'ai patienté encore. Quand je n'ai plus entendu de bruit dans le château, je me suis levée et glissée dans le vestibule. Je n'étais pas sûre de savoir ouvrir la porte d'entrée. La grosse clé a tourné sans bruit du premier coup. Je suis sortie sur les marches, mes sandales à la main. La lune était levée, une demi-lune tout en lait dans un ciel plein d'étoiles. J'étais en chemise de nuit. J'ai enfilé en frissonnant mon gilet que j'avais attrapé sur la chaise. J'ai descendu les marches. Je suis entrée dans l'ombre sucrée du tilleul, un oiseau s'est envolé. J'ai couru à travers la cour et me suis mise à pleurer.

— Papa !

J'ai tourné à gauche sur le chemin blanc qui s'enfonce vers la rivière. J'ai traversé le pont sous la lune.

— Maman ! Papa !

Les arbres dressaient leurs silhouettes noires sur les talus dans la montée vers le plateau. Les têtards, surtout, prenaient des allures monstrueuses, incroyables. Des oiseaux s'envolaient. Je n'avais jamais marché comme ça, toute seule, la nuit. Le pin parasol du champ de la Grue allongeait sa grande ombre ronde sur la barrière et le chemin. J'ai touché son écorce, monté sur la barrière et attrapé sa branche du bas. Ses rames agitées ont lancé des petits nuages de poussières jaunes scintillantes comme des cristaux sous la lune. J'ai pensé, Il est en fleurs, et je ne sais pas pourquoi j'ai recommencé à pleurer et appeler papa.

Je suis montée presque jusqu'en haut en soulevant les petits nuages. Je n'étais pas lourde, je n'avais pas encore huit ans. Je répétais :

— C'est pas juste !

Plus haut, les branches fléchissaient. Leur écorce râpait mes genoux, mes cuisses nues. Je suis restée bloquée à un entremêlement de fourches qui formaient comme un siège.

J'ai écouté longuement la nuit. Je tremblais. Je ne savais pas si j'avais froid. Le pin parasol domine l'étendue du plateau. J'ai regardé défiler un troupeau de nuages qui se déformaient en se bousculant. J'ai cueilli une poignée d'aiguilles que j'ai enfournées, et j'ai mastiqué comme un chewing-gum leur petite boule qui m'a mis dans la bouche une flaque piquante. Je n'avais mangé que ma tartine de pain sec. Ma tête tournait. J'avais envie de mourir. Peut-être le jus acide et sucré des aiguilles de pin m'a empêchée de sauter. Ce n'est pas vrai que la nuit on n'entend rien. Par moments, le vent se levait. Les frôlements, les craquements augmentaient. J'ai entendu des cris, des plaintes, un glapissement tout d'un coup sur le chemin presque sous mon arbre. Je serrais mon gilet sur moi. La peur me tirait les tendons, me tétanisait les muscles. J'étais sûre que j'allais avoir mal à la gorge.

Je me suis endormie. Quand je me suis réveillée, la lune était partie. Je me suis rendormie.

Leurs appels sur le chemin m'ont réveillée. Le soleil se levait. Des rayons pétillaient parmi les aiguilles et éclairaient l'ombre verte.

— Jeanne ! Jeanne !

Je me suis blottie dans mon nid de branches. Le chien de la ferme, Loulou, s'est arrêté et a aboyé à la barrière. Je n'ai pas bougé. Monmon et Jacqueline sont entrés sous l'arbre. Qu'est-ce que Jacqueline faisait là ? C'étaient les vacances, c'est vrai, elle n'était pas prise par son école. Ils ne me voyaient pas. Loulou aboyait. Monmon a crié :

— Jeanne, ma petite, reviens !

Et Jacqueline :

— On ne t'en voudra pas, je te le promets !

Je les ai crus. Je suis descendue. Je ne pleurais pas. Monmon m'a prise par la main. J'ai le souvenir de sa paume large, rugueuse et épaisse, refermée sur la mienne. J'étais sale, de la résine collée sur la peau. La tête m'a tourné. Il m'a serrée contre les jambes de ses culottes de toile bleue qui sentaient la vache et, en caressant mes cheveux :

— Tu es bien malheureuse.

— Ils étaient très inquiets, a dit Jacqueline. Ils te cherchaient partout. J'ai eu Eugénie au téléphone. Je suis venue pour toi.

On est arrivés au château. La Dauphine bleue stationnait sous le tilleul. Quand Eugénie s'est approchée avec mémé Georgette et la tante Louise, Jacqueline a gardé son bras autour de moi :

— Ne dites rien.

Monmon et elle m'ont accompagnée dans la chambre.

— Fais ta toilette. Habille-toi.

Ils se sont assis sur un lit et m'ont attendue. Ils parlementaient tout bas. J'avais mal partout. Quand je suis revenue, Jacqueline m'a prise par la main :

— Ne t'inquiète pas. Nous t'avons promis.

Ils m'ont conduite dans la cuisine. Georgette a sorti mon bol décoré de tournesols, le pot de confiture. Le lait était déjà chaud.

— A mon avis, a commencé tranquillement Monmon en s'adressant aux femmes, ce n'est pas la peine de se compliquer la vie. On est tous d'accord, Jeanne a menti. Elle le reconnaît aussi, n'est-ce pas ?

Il m'interrogeait des yeux. J'ai regardé Jacqueline. Je n'ai pas dit non.

— Mais nous n'en savons pas plus qu'elle sur son papa. Il n'y a que sa maman qui, peut-être, sait. Mais peut-être qu'elle a raison et qu'elle a menti vrai ? Qu'est-ce qui peut dire le contraire ?

Tout le monde se taisait. Alors Jacqueline a pris le relais.

— Il y a une chance pour que son père soit un soldat de la caserne. Alors à quoi bon provoquer un scandale et l'obliger à s'humilier devant ses camarades ?

— Un capitaine ! a rectifié Mademoiselle.

Jacqueline a continué.

— Donc, nous proposons deux choses, nous en avons parlé Monmon et moi : Jeanne, qui prépare sa communion, va s'arranger de son mensonge avec le père Sarrazin, et vous, l'abbé, vous ne lui donnerez pas la pénitence de dire à l'école qu'elle a menti.

— C'est vous qui choisissez les pénitences de la confession, maintenant ? a répondu l'abbé, avec un sourire pincé.

— Il faut trouver une solution, est intervenu Monmon. On laisse les choses comme ça. Qu'est-ce que ça change ? On ne va pas en faire une affaire. Les vacances sont là. On ne dira rien, nous non plus.

L'abbé a hoché lentement la tête. Monmon s'est tourné vers moi.

— C'est d'accord comme ça, Jeanne ?

J'ai hoché aussi et murmuré, la gorge nouée :

— Oui.

Il a insisté.

— C'est d'accord ?

— Oui.

Mademoiselle Eugénie avait les yeux sombres. Elle a grondé.

— Vous avez bien comploté. Vous prenez son parti.

— Non, lui a répondu Jacqueline. Mais tu sais comme les enfants sont durs entre eux à l'école !

Georgette et Louise ont soupiré et souri.

— Allez, mange maintenant !

Je ne savais pas si j'avais faim, je n'ai pas avalé grand-chose, les paupières me tombaient sur les yeux. J'ai dormi tout l'après-midi. Quand je me suis réveillée, mes sœurs rentraient dans la chambre et j'avais la gorge en feu.

6

Mais moi j'ai cru que vous m'aimiez !

Monmon était sans doute l'un des meilleurs paysans du monde. Il parlait aux animaux, veau, vache, taureau, chien, chat, aux oiseaux aussi.

— Il les enjomine ! disait la tante Louise en haussant les épaules.

J'allais le trouver, le dimanche, dans l'étable avant la messe. J'ai appris avec lui à manipuler l'étrille et brosser les dos. Il promenait le seau d'eau et l'éponge pour laver les croupes et les ventres. Je me levais avant mes sœurs pour le rejoindre.

— Va doucement, petite Jeanne, disait-il. Ne les énerve pas. Les bêtes, c'est comme les gens. Il ne faut pas les brusquer.

Un jour, il m'a appelée Jeanneton. Il a senti que ça ne me plaisait pas. Je lui ai expliqué pourquoi. Il n'a pas recommencé. Il prenait sa voix de basse douce, peut-être plus encore dans l'étable qu'à la maison. Les oreilles des vaches se tournaient vers lui. Quand une bête faisait des manières ou balançait sa queue, il lui lançait :

— La paix !

Les chaînes tintaient contre les crèches, les cornes heurtaient le bois des râteliers. Les vaches enfonçaient dans la paille fraîche jusqu'aux genoux. Nous circulions sur le trottoir derrière elles.

— Préviens-les. Ne les surprends pas. Elles ne sont pas folles. Elles ont de la mémoire. Elles te connaissent.

Il m'avait trouvé un petit escabeau de bois pour me hisser à la hauteur des épaules et des charpentes des grosses bêtes. Je n'avais pas peur. Je plongeais l'éponge dans le seau. Il m'a appris à être en confiance avec les animaux si je ne l'étais pas avec les hommes et les femmes. Je savais traire. Je suis sûre que je le saurais encore.

Nous nous sommes assis sur le banc de pierre, près du portail de l'étable, avant de nous changer pour la messe. Il tendait une poignée de blé dans le creux de sa paume. Les oiseaux venaient, les moineaux surtout, qui sautillaient sur le trottoir de briques ou dans la poussière de la cour. Un premier audacieux a accroché ses pattes à son poignet, à son pouce. Un second s'est posé. Les becs picoraient. J'ai essayé de l'imiter. Ça a marché, un peu, avec lui. Les brindilles des petites pattes se sont cramponnées à mon index et à mon pouce. J'ai essayé toute seule sur le banc, et plusieurs fois ailleurs depuis, avec du blé, de la mie de pain. Je n'y arrive pas. Je n'inspire pas confiance aux oiseaux.

J'ai fait ma première communion, comme prévu, au commencement du mois de mai. J'aurais voulu que Jacqueline soit ma marraine de communion. Mais Angéline, la sœur du curé de Saint-André, qui était aussi sa bonne, a proposé de l'être. Mademoiselle Eugénie n'a pas voulu refuser. J'ai dit à Jacqueline :

— Je n'aime pas Angéline, elle n'est pas belle. Ma marraine, je veux que ce soit toi !

— Ne dis pas ça. Qu'est-ce que ça change, je t'aimerai quand même, marraine ou pas.

J'avais couru vers sa Dauphine quand elle était arrivée au château, je m'en souviens, j'étais montée m'asseoir dans la voiture auprès d'elle alors qu'elle arrêtait le moteur. Les vitres de portières étaient baissées. Elle a regardé autour d'elle comme si on risquait de nous entendre, la Dauphine avait au plancher entre les deux sièges un levier de changement de vitesse à pommeau de plastique gris avec lequel j'aimais jouer, elle a murmuré :

— Si tu veux, je serai ta marraine de cœur, on n'en dira rien à personne. C'est d'accord ?

J'ai fait oui de la tête.

— Ce sera un secret entre nous. Tu n'en parleras pas à tes sœurs ?

— Non.

— Non, qui ?

— Non, marraine !

Nous avons ri. Nous sommes descendues de voiture. J'étais contente.

Angéline a offert la mousseline de coton blanc, le voile et la dentelle de ma robe. Eugénie avait appris la couture à sa pension de l'institution Saint-Joseph. Elle a cousu à sa machine sur le palier de l'escalier au premier étage. De la fenêtre de la tour, elle voyait ce qui allait et venait dans la cour et l'allée. Lorsque arrivait la voiture du facteur, elle criait : « Le courrier ! » Nous courions recevoir les lettres et le journal. Elle surveillait de son promontoire jusqu'au plateau de la Grue et au hameau de la Trézanne. Quand nous sortions du château, nous nous retournions et levions les yeux pour vérifier si elle guettait.

Elle m'a appelée et je suis montée essayer ma robe. Le palier lui tenait lieu d'atelier. Elle y avait aussi son chevalet, ses tubes et ses pinceaux. Ça sentait bon, là-haut, l'huile de sa peinture. Elle a voulu pour moi une robe simple à col chemisier et manches courtes ballon.

— Nous n'allons pas te déguiser en mariée, ce serait ridicule !

Elle avait du goût. J'ai tourné nu-pieds devant elle, le mètre ruban autour du cou, à ses commandements.

— Tourne-toi un peu, encore, encore. Tiens-toi droite. Mieux que ça.

Elle a vérifié devant, derrière, repris la longueur, les ourlets, enfoncé les épingles autour de ma taille. Elle avait des ongles.

— Arrête de danser d'un pied sur l'autre ! Marche jusqu'au couloir ! Reviens !

Je n'avais eu droit, jusque-là, qu'aux trousseaux des vêtements de l'Assistance. Elle a monté sur un cercle de fer les petites roses de mousseline de sa fabrication, qu'elle a empesées avec de la laque. Elle a fixé le voile à cette couronne qu'elle m'a ajustée sur le front. Elle a appelé mémé Georgette et tante Louise.

— Qu'en pensez-vous ?

— Elle est magnifique !

— Qui ? Jeanne ? Ou la robe ?

— Les deux !

Elles ont ri.

Avec le reste de mousseline, elle m'a cousu une aumônière.

— Est-ce que tu as bien mérité cette bonbonnière ?

J'ai filé droit comme jamais pendant les semaines avant la communion. J'ai eu une foi à déplacer les montagnes. J'ai remplacé mes sœurs à la vaisselle et au ménage. Avec Georgette, nous avons ciré le grand escalier qui a brillé comme un miroir depuis le bas jusqu'en haut. Nous avions roulé le chemin d'escalier et nous avons astiqué au Miror les tringles et les anneaux de cuivre.

Nous étions seize filles et quinze garçons aux doigts croisés et aux mains jointes dans l'église de Saint-André. Pourquoi les petites filles devaient-elles croiser les doigts et les garçons joindre les mains ? Le soleil de mai et les cierges exaltaient les parfums des lys et des arums autour de l'autel. Je me suis agenouillée à la Sainte Table, j'ai fermé les paupières et tiré la langue. Je n'étais pas comme un jardin sous la neige quand les pas ne l'ont pas souillée, mais je croyais que c'était possible. Ma marraine, Angéline, appuyait sa main lourde sur mon épaule, le curé Martineau a déposé l'hostie. Mon Seigneur et mon Dieu ! Je flottais sur un nuage. Nous avions répété l'exercice et j'avais déjà goûté la douceur du « pain d'ange ». Nous nous sommes tournés vers l'autel de la sainte Vierge et nous avons chanté « Chez nous, soyez Reine ». Je n'ai pas pu me retenir aux paroles « Soyez la Madone, qu'on prie à genoux ». Le père Sarrazin nous avait expliqué que « la Madone » voulait dire « la maman ». Une larme s'est formée au coin de mon œil droit. Les filles à côté de moi l'ont vue et se sont donné du coude. Je ne suis pas une pleureuse. On m'a reproché souvent d'avoir le cœur sec. J'avais un mouchoir dans mon aumônière, mais je ne l'ai pas sorti, j'ai rattrapé la larme sur le coin de mon poignet.

Il y a une photo de nous sur les marches devant la grande porte de l'église. C'est Pierre, le mari de Jacqueline, qui l'a prise. Je croise les doigts, le voile blanc en éventail sur mes épaules. Mes deux sœurs sont de chaque côté de moi. Elles ont eu droit aussi à une robe neuve, en satin, et aux nœuds de ruban dans les cheveux. Elles sourient, mignonnes jusqu'aux dents. Ma grosse marraine, la sœur du curé Martineau, derrière moi, pose sa main potelée sur mon épaule comme devant la Sainte Table. Eugénie tend son long cou sous son chapeau près d'elle, belle, le sourire mystérieux, à lèvres serrées, une tresse de perles à fermoir brillant dans le décolleté de la robe. Mémé Georgette et la tante Louise se tiennent un peu raides dans leurs robes noires que je leur ai toujours vues les dimanches. Monmon, en costume, la casquette dans la main, a son crâne chauve si blanc qu'on le dirait scalpé. L'abbé Sarrazin est là également, en soutane, col de zinc, long, presque le plus grand, les cheveux en brosse courte. Jacqueline est aussi grande que lui. Elle ne voulait pas se mettre avec nous, puisque son mari n'y était pas. C'est moi qui ai insisté.

— Viens, si, viens !

Elle est derrière, auprès du prêtre, mais on la voit bien, ses cheveux frisés, libres, pas de chapeau, son visage aux traits réguliers, souriante. Une famille, c'est la photo d'une sainte famille, un jour de fête, le jour de la première communion de l'aînée. J'y ai cru. Les apparences ont toujours compté aux Marguerites, les formes, le qu'en-dira-t-on, pour Mademoiselle, mémé Georgette et la tante Louise, pour Monmon je ne sais pas.

Le repas a eu lieu dans la salle à manger du château. C'est la première fois que nous, les filles, avons été autorisées à nous y asseoir. Il y a eu quelques autres rares cérémonies comme ça. Quand

Eugénie recevait, d'habitude, nous mangions dans la cuisine.

Nous avions préparé la table, les assiettes de porcelaine et les verres à pied sur la nappe en toile damassée. Je me suis assise, dos au buffet à dressoir, « à la place d'honneur » a dit le curé Martineau invité puisque sa sœur était ma marraine. Les rallonges avaient été ajoutées à la table déjà grande. Nous avons mangé des asperges du jardin de la tante Louise. Je l'avais accompagnée armée de sa gouge au bord du sillon. J'avais écouté le craquement discret de l'asperge tranchée par le long couteau dans la terre. Les fenêtres du château étaient grandes ouvertes côté cour et côté prairies. Les martinets, qui avaient leurs nids sous l'avant-toit de la grange, tournaient des rondes autour du tilleul. Nous avons croqué des dragées entre les asperges.

— Tu as pris de bonnes résolutions ? m'a demandé monsieur le curé.

J'ai fait oui de la tête. J'ai pris à témoin tout le monde, Mademoiselle, mémé Georgette, Monmon, Jacqueline. J'étais sincère. Je n'avais pas le front buté, les sourcils froncés qui m'enlaidissaient. Je devenais une vraie grande sœur. Je me corrigeais. J'allais me corriger. Il n'était pas trop tard. Après un premier trimestre difficile, mes résultats à l'école étaient satisfaisants.

Le prêtre a été gourmand des fraises au vin pour les grands. Il avait étalé sa serviette coincée sous ses aisselles et les gouttes de vin et de fraise l'ont salie.

Il a dit qu'autrefois, avant 1793, le château s'appelait « Le grand Fief », que la guerre l'avait détruit et que la femme et la fille de celui qui l'avait acheté pour le reconstruire s'appelaient Marguerite. Ils ont parlé de l'Algérie et des négociations d'Evian. Les fantômes de nos pères, capitaines, ont plané autour de la table.

Je suis montée à l'arrière de la voiture du prêtre pour ne pas être en retard aux vêpres. Il conduisait beaucoup moins bien que Mademoiselle. La lumière de l'après-midi était du feu. Nous avons chanté à nouveau le « Chez nous, soyez Reine » et, cette fois, je n'ai pas pleuré.

A notre retour, Victorine avait déjà tout débarrassé. La nappe était enlevée. J'ai incliné un peu le miroir de la grande psyché de la salle à manger. Des rais de lumière filtraient sur le parquet par les volets en tuile. J'ai ramené mon voile sur mon épaule. Je me voyais tout entière dans ma robe blanche. J'ai fait des manières, des grimaces, me suis tiré la langue, j'ai esquissé quelques pas de danse. Le cristal des verres à pied qui s'entrechoquaient, lavés et rassemblés sur la table, tintait un peu.

— Qu'est-ce que tu fais là ?

J'ai sursauté. Je n'avais pas vu mademoiselle Eugénie derrière moi.

— Tu veux casser les verres, c'est ça ?

Elle s'est avancée. J'ai reculé. Elle a attrapé brutalement mon voile, qu'elle a tiré en arrière. Qu'est-ce qui lui prenait ? Une chaise s'est renversée. Je suis partie sur le dos. Les épingles de la couronne dans mes cheveux me faisaient horriblement mal. Elles ont lâché. Elle a jeté mon voile et ma couronne qu'elle a piétinés de colère sur le parquet.

— File, petite orgueilleuse, va te changer !

Je crois que je n'ai rien dit. Je n'ai pas crié. J'ai filé dans notre chambre et enlevé ma robe blanche que j'ai jetée sur mon lit. Je ne savais pas où étaient Thérèse et Monique. J'ai remis ma robe du trousseau de l'Assistance publique. J'avais déjà enjambé l'appui de fenêtre de notre chambre. J'ai rasé les rhododendrons en fleur de la cour et descendu le chemin blanc de la rivière. Monmon m'a rejointe quand j'arrivais au pont.

— Où vas-tu ?

Il avait entendu les éclats de la salle à manger. J'ai couru. Il a couru derrière moi.

— Qu'est-ce que tu veux faire ? Ne gâche pas une belle journée !

— Ce n'est pas une belle journée !

La côte du chemin de la Grue est longue. Le soleil cognait de plein fouet. J'entendais Monmon haleter. Il a accéléré, m'a presque rattrapée sur ses jambes courtes, j'ai couru plus vite, il s'est arrêté.

— Jeanne ! Ecoute-moi ! Où vas-tu ? On n'était pas bien ensemble ?

— Qu'est-ce que j'ai fait ?

— Eh bien, va-t'en ! Tu verras si tu es mieux ailleurs !

J'ai continué.

Après le virage je me suis retournée, je ne l'ai plus vu. Mes sandales blanches de communion couvertes de poussière me faisaient mal. Il est arrivé, rouge et suant d'avoir couru. J'étais enfoncée dans la haie d'épines du grand pinier, les jambes ramenées sous moi. Il s'est accroupi.

— Tu ne vas pas passer une autre nuit ici ? Tu te punis toute seule.

Il s'est essuyé la figure avec sa casquette, a souri à demi, en sueur.

— Tu cours vite. Moi, je ne peux plus, pas longtemps, et puis on a trop mangé. Tu ne te rendais pas compte que le plancher est fragile, tu risquais de casser des verres…

— Mais moi j'ai cru que vous m'aimiez.

— Mais on t'aime !

— Non !

L'air circule toujours un peu sous les grands arbres. Nous sommes restés comme ça sans rien dire à l'ombre du grand pinier. Son souffle le rabotait encore. La scie des grillons n'avait pas d'arrêt ni les piaillements des oiseaux heureux du printemps. Délicatement, fermement, il a délié mes mains en couronne autour de mes genoux.

— Allez, viens, Jeannette.

Il m'appelait maintenant Jeannette quand nous étions ensemble dans l'étable. Il s'est levé. J'ai pensé à Jacqueline. Qu'est-ce que je pouvais faire d'autre ? Je me suis levée aussi. On a redescendu vers le château, lui devant, moi traînant la jambe derrière.

De temps en temps, il se retournait. Les plis de ses paupières et de ses joues me souriaient. Depuis que je m'étais assise au pied du pinier, je répétais le « Chez nous, soyez Reine », et il me semblait que, cette fois, le cantique m'empêchait de pleurer.

Il m'a dit, quand nous sommes entrés dans la cour :

— Tu as du caractère, ma fille. Quelquefois trop. Méfie-toi. Il finira par te jouer de vilains tours.

— Je sais.

Thérèse et Monique m'attendaient dans le vestibule en robes bleues encore et têtes à rubans.

— Où étais-tu ?

Elles étaient inquiètes. Elles m'ont suivie dans la chambre.

— Tu t'es encore sauvée ?

Monique m'a fixée de ses yeux ardents de bleuet.

— Ne nous laisse pas toutes seules.

Je me suis étalée sur ma robe de communion en bouchon sur mon lit. J'ai dit, le nez dans le couvre-pied :

— Non... petit chat...

Les sanglots m'ont secouée.

7

Montez vite, les filles, il y a une surprise pour vous

Mademoiselle Eugénie n'est pas née dans le château. C'est ce qu'elle a toujours voulu qu'on oublie. Le grand-père Martin, le père de Monmon, et la tante Louise ont acheté les Marguerites en mauvais état, en 1910, et Eugénie est venue au monde dans la petite maison de la métairie, au sol alors de terre battue, habitée par Victorine et Ernest. Louise m'a montré des vieilles cartes postales d'avant la Grande Guerre.

— L'orage y avait mis le feu. Les gens disaient que le château était frappé par un mauvais sort à cause des horreurs qui s'y étaient passées en 1793. Les ardoises tapissaient la cour. Des chemineaux s'y étaient installés et avaient arraché les dernières lames du parquet de la salle à manger pour faire du feu sur le carrelage du vestibule.

Les chevrons noircis du toit tendaient leurs chicots au ciel sur les photos. La grande cheminée étirait son long conduit de briques intact et nu et son X de fer au-dessus du pignon détruit.

— Monmon n'a pas eu peur. Il a voulu que, son père et moi, on l'achète. Les propriétaires vivaient à Paris. J'étais jeune. On avait l'argent des partages. Nous avons quitté les Sablons, la métairie de notre père qui revenait à notre frère aîné, Auguste. Monmon venait d'épouser Georgette. Il y avait aussi les quatorze hectares de terre alentour. Mais les charrettes ne passaient plus dans l'allée, où elles enfonçaient jusqu'au bouton en hiver. Le dimanche, on partait des Marguerites en sabots, les souliers à la main qu'on enfilait en arrivant à la route, on cachait les sabots dans une petite caisse sur le bas-côté. On a travaillé pour tout remettre en état et on n'a pas fini.

Louise sortait ces images de sa boîte à gâteaux en fer, les dimanches après-midi, dans sa chambre. Il y avait une paire de boucles d'oreilles à petites fleurs d'or qu'elle avait portée.

Nous scrutions les lobes ridés de ses oreilles à la recherche de trous invisibles. Elle a été la plus proche de nous puisqu'elle avait la charge de nos nuits. Elle cognait du poing contre la cloison quand elle nous entendait chuchoter dans le noir.

— Avez-vous fini, les filles !

Nous la trouvions très vieille. Elle avait soixante-douze ans. Elle était la plus âgée des femmes de la maison. Elle portait une blouse noire sur sa robe et un large tablier bleu sur sa blouse pour ne pas la salir. Mémé Georgette l'appelait « Vaque-à-tout ! ».

Outre le jardin, Louise régnait sur la basse-cour, les canards dans les douves, les lapins dans les clapiers. Elle empoignait par les pattes la grosse mère lapine qui se débattait et l'enfournait dans le clapier du mâle. Les poules accouraient de tous les coins de la pâture, quand elle sortait. Je l'ai surprise une fois, une seule, dans la salle de bains. J'ai ouvert brusquement la porte qu'elle avait oublié de fermer à clé. Elle était toute nue. Elle a crié. Elle était du haut jusqu'en bas maigre comme une patte de poule, les cheveux blancs sur les épaules et cette touffe de poils étonnante, noir corbeau, au bas du ventre.

Après la pluie, quand il pleuvait parfois, nous enfilions nos capuchons, et nous ramassions avec elle les limaces rouges dans l'allée. Nous remplissions un seau et les lancions aux canards qui les gobaient tout entières et s'engouaient sur le caoutchouc des plus grosses. Nous la suivions sur les fossés. Le croissant de sa petite faucille fauchait à coups secs l'herbe à lapins, fleurs de carottes, queues de renard et fenouil sauvage qu'elle nous encourageait à bourrer dans les sacs.

Elle ne nous a jamais embrassées. Ses sentiments filtraient au compte-gouttes.

— J'ai eu un amoureux moi aussi, on devait se marier, nous a-t-elle dit un jour, lorsque les garçons de Saint-André ont commencé à tourner pour moi autour des Marguerites et que leur présence a provoqué des histoires. La guerre l'a tué. Il n'y en a pas eu d'autre.

— Tu as une photo de lui ?

Elle a haussé les épaules.

— Si, fais-nous voir sa photo !

— Je n'en ai pas !

Elle nous parlait « sur la grosse dent », quand nous faisions les folles. Elle découvrait les incisives qui lui restaient.

Nous avons frotté, pendant plusieurs jours, le soir et le jeudi, le lustre à suspension rapporté par Eugénie d'une sortie dans les brocantes. Mademoiselle avait le goût des vieilleries dont elle remplissait le château. Elle ne revenait jamais les mains vides. Quelquefois c'était presque rien, une bouteille de verre soufflé, un napperon de dentelle, un dessin sur un papier.

— Qu'est-ce qu'elle va nous ramener ? grommelaient Louise et Georgette en voyant l'auto s'en aller.

C'était souvent les après-midi de dimanche. L'abbé montait dans l'auto avec elle et, ensemble, ils partaient chiner. Elle nous a emmenées quelquefois. Elle allait aussi dans les fermes. Elle disait : je vais prendre ce buffet, ou cette armoire. Elle bouleversait l'ordre de la maison lorsque le nouveau meuble arrivait. Monmon et Ernest portaient le buffet ou l'armoire.

Nous avons beaucoup travaillé à briquer la chaîne de la suspension qui devait pendre sur toute la hauteur de la tour. Eugénie nous a alignées dans le vestibule sur des chaises et frotte que je te frotte avec les chiffons molletonnés. Il a fallu, comme pour tout, que le cuivre des anneaux soit parfait. Le vieux métal était oxydé. Elle s'est assise avec nous. Nos mains ont été tachées de vert-de-gris. Nous avions beau frotter avec le gros savon et la brosse à lessive de Georgette, nous avions honte de nos mains toutes bleues à l'école. Monmon a monté à l'échelle et accroché la chaîne au plafond du deuxième étage. Le lustre à quatre globes est descendu à bonne hauteur au-dessus de la porte d'entrée. Eugénie avait le compas dans l'œil. C'était beau, ce long chemin de chaîne d'or dégringolé au bord de l'escalier. Les globes de cristal illuminaient le vestibule.

Elle s'est penchée, peu de temps après, au bord du garde-corps du premier étage, un soir de la mi-juin, quelques jours avant les grandes vacances, lorsque nous revenions de l'école.

— Montez vite, les filles, il y a une surprise pour vous !

Elle frappait dans ses mains, excitée. Nous avions couru dans l'allée. J'avais chaud, soif. Elle n'était pas toute seule, Georgette se penchait à côté d'elle, souriante aussi. Il n'y avait personne en bas. Mes sœurs ont monté vite. J'ai posé mon cartable dans la salle des exercices. Je n'étais pas pressée de monter. J'ai rempli un verre au robinet de la cuisine. J'avais faim aussi.

D'habitude, mémé Georgette nous préparait nos goûters. J'ai levé le couvercle de la huche et déchiré un morceau de croûte et de mie.

— Jeanne ! Qu'est-ce que tu fais ?

— J'arrive !

J'ai enfourné une seconde bouchée, bu encore, rincé mon verre que j'ai posé sur l'évier, essuyé bouche et mains au rugueux torchon de lin. J'ai monté lentement sur le tapis du chemin d'escalier. Les semelles de Thérèse et Monique avaient laissé des empreintes.

D'habitude, on ne nous autorisait pas à y aller avec nos chaussures. Ils n'étaient pas sur le palier. Ils étaient rassemblés dans la chambre d'Eugénie, tous, Monmon, la tante Louise, l'abbé. Nous y mettions les pieds pour la première fois. Ils se sont écartés pour me laisser passer. Ils me regardaient, souriants. Mes sœurs m'empêchaient de bien voir. Je me suis approchée du berceau drapé de blanc près du lit.

— Regarde ta petite sœur, a murmuré Mademoiselle.

Mon cœur s'est mis à cogner.

— Tu peux t'approcher.

Je me suis penchée, accroupie. Monique et Thérèse étaient derrière moi. Mademoiselle a repoussé un peu le voile blanc. J'ai aperçu la petite tête ronde et rose, les yeux clos, le duvet blond, les mains repliées ont frissonné et se sont ouvertes comme des anémones de mer. J'étais émue. Je ne sais pas si j'étais contente.

— Ma petite sœur ?

Mademoiselle a doucement retiré le drap. Elle a dit :

— Votre petite sœur.

Nous avons vu la robe de tricot bleu minuscule à dentelles, les petites jambes maigres et nues. Elle a glissé la main sous le dos du bébé pour le retirer du berceau. Elle avait des gestes délicats de maman. Elle a mis l'autre main pour soutenir la tête lourde de la petite sœur. Elle a murmuré :

— Elle est née il y a un peu plus de trois mois. Elle est fragile encore. Elle était trop menue à la naissance, on a dû attendre, sinon nous l'aurions eue plus tôt. Mais elle a bien profité, le médecin dit que, maintenant, il n'y a plus à s'inquiéter.

Elle souriait, elle prenait à témoin sa mère, son père, l'abbé, sa tante. Je crois que je ne l'avais jamais vue si contente. Son œil vert et son œil brun brillaient. Elle berçait notre sœur sur son bras. La petite a ouvert les yeux d'un bleu très vif et profond, bâillé. Ils ont ri. Mon cœur battait trop fort dans ma poitrine.

— Elle s'appelle Charlotte. Vous la trouvez jolie ?

— Oui, ont répondu Thérèse et Monique.

J'ai hoché la tête. Je pensais à ma petite maman.

— Elle a vos grands yeux bleus vifs et profonds, les filles.

— C'est vrai ? a demandé Monique.

Elles se sont approchées plus près. Bien sûr, ça n'était pas mes yeux. Mademoiselle a incliné la petite pour qu'elles l'embrassent. Elle me l'a tendue aussi. J'ai effleuré des lèvres la peau douce et chaude, et respiré l'odeur de lait tiède. Thérèse a serré dans sa main le pied nu de Charlotte.

— Elle aura de grands pieds comme vous, a dit la tante Louise.

— Vous voulez la prendre ? Mais attention, elle est encore fragile.

Thérèse, la première, a ouvert les bras. Mademoiselle Eugénie y a appuyé un instant le petit paquet, sans le lâcher. Monique l'a eu aussi. Moi, j'ai refermé les bras sur Charlotte. J'aurais voulu la porter toute seule. Mademoiselle ne l'a pas lâchée. Elle a dit :

— Doucement !

Charlotte a grimacé, poussé un petit cri, sur le point de pleurer. Mademoiselle Eugénie l'a embrassée.

— Allez, je vais la recoucher maintenant. Tout ce monde l'impressionne. On l'a réveillée. On la laisse tranquille. Elle va dormir pour l'instant dans ma chambre. Elle est bien, là, auprès de mon lit.

Je pensais à maman qui avait donné son bébé à Mademoiselle. Nous avons attendu qu'elle ait bordé les draps de Charlotte. Elle a mis bien en place les voiles blancs de part et d'autre du berceau. Nous sommes sorties à regret de la chambre.

— Ça vous fait plaisir d'avoir votre petite sœur avec vous ? a demandé Monmon en descendant l'escalier.

— Oh oui !

L'abbé a dit que Charlotte était un joli prénom. Qu'on lui avait peut-être donné ce nom à cause du général de Gaulle. J'avais l'air contente, mais je ne l'étais pas tout à fait. J'étais troublée. J'ai pensé qu'il me faudrait interroger Jacqueline au sujet de Charlotte. L'occasion ne s'est pas présentée, ou je n'ai pas osé. J'ai eu tort. Mais peut-être n'aurait-elle pas su me répondre à ce moment-là, ou voulu.

Après que nous avons été couchées, Monique a chuchoté dans le noir de notre chambre :

— Notre sœur s'appelle Charlotte à cause du général de Gaulle qui est un militaire. Elle a les yeux de Thérèse et moi, elle est peut-être aussi la fille du capitaine !

J'ai ricané :

— Qu'est-ce qui prouve qu'elle est notre demi-sœur ? Elle n'est peut-être pas notre sœur du tout.

— C'est notre sœur, a dit Thérèse, elle nous ressemble, elle a nos yeux.

— Ça prouve quoi ? Moi, je n'ai pas vos yeux. Alors je ne suis pas votre sœur ?

— Méchante ! a pleurniché Monique. Tu es méchante !

Le lendemain matin, ça sentait le pipi dans la chambre, j'avais mouillé mon lit.

8

On ne nous disait pas tout

Notre maman n'a pas été assez entourée.

Son frère était forestier au Gabon. L'oncle Marcel est venu nous voir plusieurs fois aux Marguerites quand il revenait en France. Sa barbe noire tachée de blanc, de trois ou quatre jours, grattait quand il embrassait. Il marchait vite, à longues enjambées, le chapeau de cow-boy en cuir ciré sur la tête, la peau tannée par le soleil, les yeux bleus lui aussi comme notre mère.

Il racontait l'Afrique. Il portait des pantalons de toile à larges poches à soufflets sur les côtés qu'il remplissait de bonbons. Nous y glissions la main pour y puiser. Nous nous sommes promenés sur le chemin de la rivière jusqu'à mon pinier. Il a taillé deux baguettes dans une tige de noisetier et m'a expliqué la croix du bûcheron pour mesurer la hauteur de l'arbre. Il a visé la cime et le pied de l'arbre avec la baguette verticale, l'œil au niveau de l'horizontale. Il a compté les pas qui nous séparaient du pinier, dix-neuf. Dix-neuf mètres, c'était la taille de mon pinier. Je n'ai pas oublié la croix du bûcheron de l'oncle Marcel. Où que j'aille, j'ai devant une haie, dans un parc, le réflexe de calculer la hauteur des arbres, celle des immeubles aussi, des monuments, des clochers. Je me promène avec des chiffres dans la tête.

— Dix, vingt...

— Vingt quoi ? m'interrogent les amis.

— Vingt mètres de haut !

— Arrête, avec tes chiffres !

Il n'existe malheureusement pas de croix de bûcheron pour mesurer la hauteur de l'esprit des hommes. L'oncle Marcel s'est fâché avec mademoiselle Eugénie et l'abbé. Il nous avait interrogées. Il leur a reproché les punitions, les claques, la discipline. Elle lui a dit que nous étions des petites très dures.

— Elles ne sont pas plus dures que les autres. Il suffit de savoir les prendre.

Il m'a emmenée aux Nouvelles Galeries et m'a offert un joli baigneur tout noir. J'aurais voulu partir en Afrique avec lui. Il a été presque d'accord. Mais des filles ? Trois ? Il dirigeait là-bas une équipe de bûcherons gabonais et français qui défrichaient la forêt. Ils habitaient dans des cases. Nous devrions aller à l'école de brousse. Il circulait à Libreville, Loango, Port-Gentil. Il nous racontait les gorilles et les hippopotames.

— Rien que moi, tonton, je suis la plus grande...

— Non, ce serait une folie.

Il disait qu'il était marié à l'Afrique, qu'il finirait sa vie là-bas.

— Marié ? Tu as une femme et des enfants noirs ?

Il souriait.

— Le mariage, là-bas, n'est pas comme ici.

Il soulevait son chapeau, la main dans les cheveux, son regard bleu s'en allait. A ces moments-là, il avait le regard de maman. Il lui envoyait de l'argent, assez, et l'aidait à vivre. Il était généreux avec elle. Il avait trois ans de moins qu'elle. Il était son petit frère.

S'il y en a un qui aimé notre petite maman, c'est lui. Il disait que Michèle, sa sœur, notre maman, n'était pas malade comme maintenant quand elle était petite. Ou qu'il ne s'en rendait pas compte. Notre grand-mère s'occupait bien d'elle. Elle dépliait le parc de sa fille auprès d'elle dans la cordonnerie où elle tenait la caisse et recevait les clients de leur père. Michèle jouait sur une couverture. Quelquefois Marcel, qui était plus grand, enjambait le parc pour rejoindre la petite et ils jouaient ensemble dans les odeurs de cuir et de colle de la cordonnerie.

Il a dit que, plus tard, il s'est aperçu que Michèle était floue comme de la brume et j'ai aimé qu'il me donne cette image-là.

Sa maman lui expliquait que Michèle était son innocente chérie et qu'il fallait qu'elle s'occupe davantage d'elle lorsqu'il se montrait jaloux.

Il a dit que son chapeau de cuir lui rappelait son père. Même en Afrique, il était encore un peu le fils du cordonnier. Les vieux Gabonais qui travaillaient avec lui bûcheronnaient pieds nus, ils avaient tellement l'habitude de marcher sans chaussures qu'on aurait pu enfoncer des clous dans leurs plantes de pieds pour les ferrer comme des chevaux. Lui portait des croquenots qu'un cordonnier de Libreville lui fabriquait sur mesure. Il nous a chaussées toutes les trois le jour où il m'a acheté le baigneur noir. Il s'en voulait de repartir et de laisser notre maman. Mais il ne pouvait pas sacrifier sa vie. Il avait commencé apprenti chez un menuisier à quatorze ans. Il avait réussi le CAP et le brevet de maîtrise, et il avait choisi l'Afrique. J'ai hésité à le rejoindre, plus tard, à mon départ des Marguerites. J'aurais peut-être dû. Le courage m'a manqué. Mes colères font illusion. Je suis faible. Je m'emporte. J'hésite. J'ai le cœur trop fragile.

Il y avait aussi la grand-tante Amélie, la sœur de notre grand-mère maternelle, mais elle vivait à Royat, dans le Puy-de-Dôme, où son mari avait l'hôtel Terminus. Ils nous envoyaient des cartes postales de leurs vacances à Biarritz et à Grasse. Nous leur écrivions au nouvel an. Nous sommes allées chez eux une fois, Thérèse et moi. Nous avons dormi dans une chambre à la tapisserie de joli papier fleuri du Terminus, au tournant de la montée de Chamalières à Royat, face à la place de la gare. Les curistes des thermes leur assuraient une clientèle. Ils nous ont servi un saint-nectaire gras comme je n'en ai jamais mangé ailleurs. Mais c'est peut-être parce que notre table était sous la pergola, l'orage menaçait, des nuages noirs grondaient au-dessus de la verrière et un soleil de commencement du monde illuminait Clermont dans la vallée devant nous.

Notre petite maman habitait, à La Roche, la maison de ses parents, trop vite emportés par la maladie des poumons, à six mois d'intervalle en 1949, dans le quartier de la Vieille Horloge. Les halles sont juste par-derrière et, les jours de marché et de foire, l'atelier de la cordonnerie attenant à la maison ne désemplissait pas. On a prétendu que l'atmosphère de la cordonnerie, les cuirs qui trempaient dans les baquets de l'arrière-magasin avant d'être battus et détaillés étaient responsables de leurs fluxions de poitrine. Le cordonnier est parti le premier. Notre grand-mère l'a suivi six mois après. Maman Michèle avait déjà fait un stage de quelques semaines à la Grimaudière dans le pavillon des enfants. Notre grand-mère l'avait reprise.

— Ils ne vont pas la guérir. Si elle reste là-bas, elle va devenir complètement folle.

Maman avait seize ans à la mort de sa mère. Elle était désormais toute seule. Elle a fermé la cordonnerie et a fait des ménages chez les commerçants de la ville qui la connaissaient bien et estimaient le cordonnier. Je suis née en 1953. C'est après moi que les crises ont commencé, qui l'envoyaient à la

Grimaudière, chez les fous. Elle en ressortait, elle avait l'air guérie. Elle reprenait ses ménages. Elle était maniaque. Elle travaillait bien.

— Comment vas-tu, Michèle ?

Elle souriait. Quelles souffrances dissimulait-elle ?

— Ça va.

Elle aimait s'habiller les dimanches pour la messe. Elle peignait ses longs cheveux bouclés qui lui tombaient sur les épaules. Elle mettait le collier, le bracelet, les bagues de sa mère. Elle aimait les bijoux, ce qui brille, la musique de l'orgue, les vapeurs d'encens, les concerts de la fanfare sous le kiosque sur la place. Les voisins m'ont dit qu'elle était discrète, ils ne l'entendaient pas. Une ombre, un voile de brume, une souris. Elle rasait les murs de pierre du quartier, jolie, fine, longue, silencieuse, sur ses chaussures plates. Quand elle a vieilli, la scoliose et la frayeur d'exister lui ont arrondi le dos.

Ils auraient dû dire, plutôt, une alouette. Les hommes venaient avec leurs petits cadeaux pour la gentille alouette. Comment les recevait-elle ? Ils faisaient tourner leur miroir aux alouettes. Les voisins les voyaient entrer. Ils lui ont fait quatre enfants, quatre filles.

Je ne connaîtrai pas mon père. J'ai été initiée de bonne heure aux désirs des hommes. A mon arrivée aux Marguerites j'étais suffisamment informée sur les relations des hommes et des femmes. Huguette Hermenault disait que les hommes ne pensaient qu'à ça. Je l'avais vue avec Bournezeau. Ces deux-là ne se cachaient pas. Je ne portais pas les hommes dans mon cœur. Notre petite maman faisait-elle semblant de les aimer lorsqu'ils poussaient la porte de sa maison ? Etait-elle dupe de leurs serments de tendresse ou était-elle hors de son corps comme pour tout le reste ? C'est vrai que la caserne n'était pas loin. J'ai été fabriquée par l'un de ceux-là, capitaine ou n'importe qui. Pour ce qui me concerne pourtant, dès que j'approchais maman, j'avais droit aux cris déchirants, aux gestes violents à m'étouffer, comme si elle refusait l'étau de l'amour.

Après Monique, j'ai cru que c'était fini, il n'y en aurait pas d'autre, notre petite sœur avait six ans en juin 1961. Et voilà, maintenant, il y avait Charlotte. Je l'aimais, je l'ai aimée. Quoi que j'aie dit, je n'ai pas douté qu'elle était notre sœur, notre demi, notre moitié de sœur. Ses yeux couleur de ciel, moi non plus, ne me trompaient pas. Ils étaient bien ceux de notre petite mère, de Monique, de Thérèse, de l'oncle Marcel aussi. C'était incroyable, il n'y avait que moi, avec mes yeux de cochon.

J'ai été contente qu'elle soit là, comme tout le monde, dans le château. A huit, neuf ans, les pulsions maternelles ne manquent pas aux filles. Nous rivalisions à l'école à qui s'occuperait des nouveaux venus de la classe des petits pendant les récrés. Nous avions nos chouchous que nous bisotions. Mais quelque chose me gênait dans l'arrivée de Charlotte. C'est vrai, je pensais à ma maman, on lui avait arraché son bébé. J'ai entendu bêler des brebis à qui on avait pris leur agneau, des vaches pleurer jour et nuit à la barrière où avait disparu leur petit veau. Mais autre chose m'ennuyait. Je ne savais pas quoi, je n'avais pas les mots, j'avais huit ans, je ne savais pas trier, alors, dans mes pensées comme nous triions les haricots de mémé Georgette sur la table de la cuisine. Un enfant a des antennes. J'ai flairé confusément quelque chose qu'on nous cachait. On ne nous disait pas tout. Il y avait du mensonge dans l'air. Mon pressentiment était le bon.

L'adaptation de Charlotte aux Marguerites a été compliquée, les premières semaines. Elle était toujours fragile. Les laits en poudre ne lui convenaient pas. Le docteur Labrousse qui nous faisait les vaccins a conseillé en vain des changements de marque, et puis d'essayer le bon lait de vache de Monmon, qui n'a pas eu les effets espérés. La femme de François Debien, du hameau de l'Aumône, Viviane, Mademoiselle l'appellerait par la suite la fée Viviane, venait d'accoucher d'un garçon. Monmon a appris que son lait se perdait, elle était trop bonne laitière, elle aurait nourri des jumeaux. Eugénie a acheté un tire-lait et, tous les jours, quelqu'un du château allait chercher le lait de Viviane.

J'y suis allée avec Monmon pendant les vacances. L'Aumône est un grand hameau en longueur sur la route de Saint-André, avec de grosses fermes, on disait alors, encore, des cabanes, plantées de noyers dans les cours et de paillers que nous avons escaladés en revenant de l'école. Celle des Debien était la plus modeste en retrait du hameau, Monmon l'appelait une borderie, grange acagnardée, étable à porte étroite. François Debien avait fait cinq enfants à Viviane. Les grands-parents habitaient et mangeaient avec eux, la soupe n'était pas toujours bien grasse. Le lait de Viviane nous attendait sur la toile cirée de la table dans une bouteille. Monmon tendait l'argent que François refusait.

— Ça n'est pas moi qui la gagne. Donne-la à Viviane !

L'argent était féminin pour lui. Il était haut et large comme leur armoire au coin de la cheminée. Il avait une voix de chantre.

— Ma femme me rapporte ! Elle est une bonne nourricière. Je ne la changerais pas.

Il riait. Viviane rendait la monnaie et donnait la bouteille :

— Il est encore chaud. Je l'ai juste tiré. Votre petite peut le boire comme ça. Qu'elle ne se prive pas, ne vous inquiétez pas. Ça venait ce matin encore. La source n'est pas tarie !

Monmon avalait vite le verre que François lui offrait. Nous repartions avec la bouteille enveloppée dans un journal pour garder le lait chaud. Je l'ai goûté, un matin, après avoir rempli le biberon de Charlotte. Il était bon, le goût un peu plus fade que le lait de vache, on l'aurait dit un peu plus sucré. J'ai voulu le goûter encore quand Mademoiselle avait le dos tourné. Elle m'a surprise la tétine à la bouche et m'a claquée.

— Qu'est-ce que tu fais ? Tu es folle ! Tu veux lui donner tes microbes !

Le lait de la fée Viviane a convenu à Charlotte. Les diarrhées et les régurgitations ont cessé, son caca a été bien formé. Ses joues se sont remplies. Pour la changer, mademoiselle Eugénie lui avait installé un petit matelas sur la crédence du buffet de la cuisine et un autre dans sa chambre. Elle avait tout en double, talc, bâtonnets pour les oreilles, laits de toilette pour la figure et pour les fesses. Le docteur Labrousse avait apporté en cadeau – ça venait d'où ? – un trousseau bien plus beau et plus conséquent que celui de l'Assistance publique. Comme nous nous querellions, l'abbé avait organisé un tour à qui aiderait à changer la couche de Charlotte. Nous essuyions, ravies, le petit derrière, passions le coton enduit de lait de toilette sur les cuisses qui n'étaient plus rouges et qui potelaient grâce aux bouteilles de Viviane.

— Regardez comme ses cuisses sont belles ! s'extasiait la tante Louise. Elles sont toutes cochées !

Elle les palpait comme les cuisses des jolis lapins de son clapier auxquels elle venait de retirer la peau. Eugénie finissait d'habiller Charlotte. Elle prenait notre petite sœur dans ses bras et, joue contre joue, elle montait la coucher dans son berceau.

9

J'avais le sentiment d'être une voleuse

C'est Monique qui a parlé de Charlotte à l'école, le matin au début de la classe, pendant le moment d'expression des maternelles. C'était quelques jours avant les grandes vacances. Elle a levé fièrement la main.

— J'ai une nouvelle à vous annoncer !

Elle n'avait pas prévenu Thérèse et moi qu'elle parlerait.

— Ah, lui a répondu la maîtresse, j'espère que c'est une bonne nouvelle !

Monique a hoché la tête et souri.

— J'ai une petite sœur !

— Tu as une petite sœur ? C'est formidable ! C'est vrai ?

— Oui, elle s'appelle Charlotte. Thérèse et moi, nous l'appelons Loulotte.

Les enfants de la classe ont ri et répété : Loulotte ! Loulotte !

— Chut ! a fait la maîtresse.

Monique n'avait pas fini. Debout, bras croisés, elle regardait la maîtresse, dans ces moments de concentration ses yeux prenaient un éclat violet. Elle avait bien poussé depuis son arrivée aux Marguerites, elle était l'une des grandes de la maternelle, menue, longue, la peau mate de brune, après les vacances elle nous rejoindrait dans la classe des moyens, elle a ajouté :

— Notre père l'a amenée pour qu'elle soit avec nous. Il est reparti en Algérie. Maman est encore malade.

Sa voix n'a pas tremblé pendant qu'elle mentait. Elle nous a dit qu'elle l'avait raconté comme ça. Etait-elle consciente qu'elle mentait ? Nous lui avons dit que ce n'était pas vrai, notre père n'avait pas amené Loulotte aux Marguerites. Elle a tapé du pied et elle a dit que c'était ce qu'elle avait dit à la maîtresse, comme si elle voulait nous convaincre que c'était la vérité. Elle a froncé les sourcils et une larme a roulé sur sa joue.

— Et qu'est-ce que t'a répondu la maîtresse ?

— Elle a dit : C'est bien, merci Monique pour la bonne nouvelle. Vous devez être contentes, tes sœurs et toi ? Assieds-toi.

La maîtresse a-t-elle cherché à vérifier si tout ce que Monique avait annoncé était exact ? Peut-être l'a-t-elle vérifié, mais on n'en a rien su. De toute façon, nous n'étions pas comme les autres. Nous n'étions pas d'ici. Nous étions différentes, de passage comme des bohémiennes, Hermenault m'appelait bohémienne parfois, des gosses de Gitans, aujourd'hui on dit les gens du voyage. Monique est certainement celle de nous trois qui a le plus de caractère et d'imagination. Elle m'énervait à pleurnicher quand elle était petite et à se réfugier auprès de Thérèse, mais elle est solide, plus que moi. Elle n'est pas moins meurtrie. Elle a de la rancune. Elle en veut à notre mère. Elle ne veut pas entendre parler d'elle. Elle a fui loin, au bout du monde. Elle a, presque, réussi. Elle est riche. Une troupe d'amies s'est agglutinée autour d'elle à l'école. Je n'ai pas eu de bande comme elle. Elles se tenaient par le bras, la main, elles faisaient des jeux, riaient aux éclats, j'ai même vu parfois la grande Suzanne les rejoindre, et c'est Monique qui m'appelait : « Viens avec nous ! »

Quelques jours plus tard, la veille des grandes vacances, nous ne travaillions plus, il y avait le soleil, on entendait les tourterelles gémir dans les tilleuls, nous cirions les tables et lavions à grande eau les encriers, les ardoises et les tableaux, les maîtresses organisaient des jeux et jouaient avec nous sur la cour, j'ai écrit : « Oui, nous avons une petite sœur qui s'appelle Charlotte. Elle pesait deux kilos huit cent cinquante à la naissance. Elle a les yeux bleus. Nous sommes quatre sœurs Cardineau maintenant aux Marguerites et Monmon nous a dit que c'était un beau cadeau. » J'ai glissé mon billet dans la boîte à idées au fond de la classe. La maîtresse l'a lu comme elle faisait pour tous les billets devant toute la classe. Elle a dit :

— Merci, Jeanne, de confirmer la nouvelle que je connaissais déjà. Je crois que vous allez passer de bonnes vacances.

Mademoiselle Eugénie a dessiné Loulotte endormie dans son petit lit. C'est, à mon avis, le meilleur de tous ses dessins, quelques lignes à l'encre noire sur une feuille de papier blanc, l'horizontale du drap sous le menton, la double ondulation du front et des joues rondes que nous embrassions, et les courbes des longs cils sur les paupières fermées. C'est pris sur le vif, dans l'instant. C'est notre Loulotte aux alentours d'un an.

Je fonds de nostalgie quand je regarde ce dessin. C'est notre bébé, notre petite sœur que nous avons crue aussi à nous. J'ai réclamé longtemps une copie de ce dessin à Charlotte. Elle refusait de me la donner, je ne sais pas pourquoi. Elle prétendait que c'était difficile, il était sous verre, elle ne voulait pas le sortir de son cadre de bois doré. Elle m'a enfin posté une photocopie que je déplace partout avec mes papiers.

Charlotte a fait ses tout premiers pas en compagnie de Thérèse et moi, dans la cuisine. Je lavais la vaisselle. Thérèse essuyait. Il y a toujours eu beaucoup de vaisselle aux Marguerites, nous étions huit à table tous les jours, neuf avec Charlotte désormais, onze lorsque Victorine et Ernest mangeaient avec nous et c'était souvent. Mémé Georgette cuisinait dans de grands plats émaillés, des faitouts profonds, des pots en terre, des poêles de fer blanc, ça collait, le feu noircissait les fonds, je frottais à l'éponge métallique, quelquefois on prenait du sable, à neuf ans j'arrivais à ravoir le brûlé sur n'importe quel plat. Très tôt, j'ai été dégourdie, adroite, « une vraie petite femme », disait Louise. Charlotte jouait sur sa couverture au pied de la maie et de la grande horloge. Elle a lancé hors de la couverture, presque à mes pieds, son Bambi en caoutchouc pour que je le lui rapporte. J'ai demandé à Thérèse de me le donner.

J'ai posé le Bambi sur le bord de l'évier.

— Viens le chercher.

Charlotte a grogné, réclamé, la main tendue.

— Viens le chercher !

Elle était paresseuse, elle avait un an, trop habituée à ce que tout le monde se précipite et s'extasie sur ses grands yeux bleus et ses boucles de cheveux dorés.

— Relève-toi !

J'avais les mains dans la vaisselle. Elle a pleuré, s'est agrippée, soulevée, flageolante, le derrière lourd, adossée à la maie dans sa robe orange avec une ancre bleue sur la poitrine. Elle a tendu la main vers le Bambi. Du regard, Thérèse me disait : Ça suffit, donne-lui !

— Non, elle est capable de venir le chercher !

Charlotte s'est lancée, un pas, deux, trois, les mains devant elle. J'ai abandonné la vaisselle, me suis accroupie, elle s'est jetée dans mes bras. Je lui ai rendu son Bambi. Nous avons recommencé, le Bambi entre Thérèse et moi. C'est devenu un jeu. Nous nous accroupissions, nous reculions pour obtenir un pas de plus, elle se jetait, nous la serrions dans nos bras, elle riait aux éclats.

Nous sommes sorties sous la marquise en tenant notre petite sœur par la main pour écouter le chœur des grenouilles dans les douves. Nous leur avons lancé des petits cailloux pour qu'elle les voie plonger. Je la tenais debout sur le muret quand mademoiselle Eugénie est arrivée.

— Qu'est-ce que vous faites ?

— Charlotte marche !

— Comment ?

— Elle marche toute seule !

Nous nous sommes accroupies. Nous avons recommencé, bras ouverts. Thérèse tenait le Bambi. Charlotte a fait un pas. Mais les dalles de granit au bord de la douve sont irrégulières. Le pied de Charlotte a tourné, elle est tombée, la stupeur l'a retenue d'abord, puis elle s'est mise à pleurer. Mademoiselle l'a serrée contre son cou.

— Ma chérie, ce sont des petites sottes ! Allez finir votre vaisselle et laissez votre sœur tranquille !

Nous lui avions demandé quand Charlotte dormirait avec nous. Elle avait répondu qu'il était trop tôt, Charlotte était trop petite et, d'ailleurs, ses bruits de bouche dans son sommeil nous empêcheraient de nous reposer. Nous avons supplié, rien qu'une nuit, pour voir ! Elle a installé le petit lit à balustres rapporté de ses brocantes du dimanche dans sa chambre. J'ai aimé les dimanches. C'était un jour riche. La vie s'arrêtait. Nous faisions la grande toilette, changions de chemise, de culotte, de chaussettes. Elles étaient sales, après une semaine. Mémé Georgette nous préparait un dessert, un laitage, du millet, une tarte aux mirabelles ou aux reines-claudes en été. L'après-midi, nous ne faisions rien.

Nous avons colonisé le petit bois de la pointe de la prairie, livré aux vergnes, aux joncs, aux ronces et aux orties. La douve s'y déversait dans la rivière. Nous avons construit des barrages sur le canal avec des pierres et de la boue, apporté de vieux couvre-pieds dans notre cabane de branches et de genêts. « Berlingot, ho, ho ! » Il faisait bon, en été, sous les vergnes. L'ombre était rouge à travers la couverture grenat qui nous servait de porte. Nous avons lu et relu *Cendrillon* que Monique adorait, la fin surtout : « Il fit asseoir Cendrillon, et approchant la pantoufle de son petit pied, il vit qu'il y entrait sans peine, et qu'elle y entrait comme de cire... »

Quelquefois Louise ou Georgette venaient voir ce que nous fabriquions.

— Méfiez-vous des serpents ! Pas de bêtises avec la rivière !

Nous n'avons jamais vu de vipères. Juste quelques couleuvres qui glissaient dans l'eau immobile et ondulaient, tête dressée, pour disparaître sur l'autre rive. Je crois que j'ai grimpé tous les vergnes du petit bois pour y dénicher les nids de pies, même les plus difficiles. Une branche morte de vergne a cassé sous mon pied, un dimanche. J'ai dégringolé d'une branche à l'autre, sans rattraper mon équilibre, atterri sur la barge de vieux fagots au pied de l'arbre, où je me suis éraflé les cuisses et les fesses.

— Qu'est-ce que tu as ? m'a demandé Georgette lorsque je me suis assise à table pour le dîner.

Je n'ai pas pu retenir une grimace.

— Rien.

— Si, tu as mal.

— C'est rien.

— Elle est tombée de l'arbre sur les fagots, a avoué Monique.

— Lève-toi !

Ils étaient tous à table avec nous.

— Tourne-toi.

Louise a soulevé ma robe. Ils ont fait « Oh ! ». Eugénie a baissé ma culotte et découvert les écorchures sur mes fesses.

— Va laver ça avec du savon ! Ça va piquer. Ça t'apprendra. Regarde comment tu t'es faite ! Ça ne piquera jamais assez ! C'est bien fait. Ça te servira de leçon !

La paupière de son œil brun se baissait un peu plus que l'autre, quand elle était en colère. Elle a ajouté à Louise :

— Il faudra badigeonner tout ça avec du mercurochrome.

J'ai dormi sur le ventre pendant une semaine.

Un dimanche après-midi d'été, nous sommes restées à la garde de la tante Louise. Ils étaient tous partis et Louise n'a pas voulu que nous allions à la cabane, elle a préféré que nous restions près d'elle. Nous dessinions toutes les trois dans la salle des exercices lorsque Charlotte a poussé des petits cris, là-haut, dans la chambre. Je me suis levée. J'ai dit que j'allais prévenir Louise. Elle était partie dans le jardin. Mais lorsque j'ai été dans le vestibule, les bruits de bouche, les pépiements de Charlotte, qui n'étaient pas des pleurs, m'ont tirée vers l'escalier.

J'ai ôté mes chaussures et monté lentement, pieds nus sur le tapis d'escalier. J'ai écouté jaser Charlotte derrière la porte. Entrer dans la chambre de Mademoiselle était interdit. De toute façon, sa porte était toujours fermée à clé. J'ai tourné doucement la poignée. La porte s'est ouverte. La tante Louise n'avait pas donné le tour de clé.

Loulotte était debout dans son lit, les poings cramponnés aux balustres. J'ai retenu mon souffle. Dans l'entrebâillement, je contemplais notre jolie Boucle d'Or. Elle m'a vue, s'est agitée sur ses jambes. Je me suis glissée dans la chambre, ai refermé la porte derrière moi. Charlotte que j'embrassais a refermé ses petits bras chauds autour de mon cou en se secouant de plus belle sur ses jambes. Elle riait, elle criait. Je lui ai fait signe de se taire. Je lui ai donné son doudou, j'ai agité son hochet en regardant la chambre de Mademoiselle.

Je n'avais rien vu la première fois lorsque, à l'arrivée de Charlotte, elle nous avait invitées à monter. J'ai contemplé le grand lit de métal argenté aux pieds et aux croisillons dorés, le dessus-de-lit où bouffait l'édredon blanc, la commode de merisier et l'étroit matelas où elle couchait Loulotte pour la changer, le grand miroir ancien sur le mur dont elle avait dû repeindre en rouge et en bleu l'encadrement de fleurs de plâtre. Des photos et des cartes postales étaient glissées tout autour sous le cadre. J'ai reconnu Mademoiselle, plus jeune, souriante, les cheveux défaits dans le vent, en maillot de bain sur une plage.

J'ai entrouvert la porte de l'armoire. Charlotte voulait que je joue avec elle. J'ai fait chut ! avec mon doigt. Les robes d'Eugénie étaient alignées dans la penderie. J'ai respiré l'odeur d'une manche, reconnu le parfum de vanille. Sa fenêtre donnait sur la prairie, l'arrière du château, la vallée de la rivière, notre bois, les douves, le jardin. J'ai aperçu la silhouette noire de la tante Louise au milieu de ses artichauts. Elle portait un panier, la tête sous le chapeau de paille. Mon cœur a battu moins fort, et j'ai poussé la porte de la salle de bains.

La robe de chambre d'Eugénie était au portemanteau perroquet, ses chaussons rangés sous les pieds. Je commettais un crime, j'avais le sentiment d'être une voleuse. J'ai pensé : Tu n'as pas le droit, si Mademoiselle te voyait !

Mais j'étais tellement attirée, tellement désireuse, envieuse, aurais-je, moi aussi, un jour, une chambre à moi comme ça, une salle de bains avec baignoire à pattes de lion et robinets de cuivre ? J'avais envie d'être Mademoiselle. Je jure que je ne pensais pas à mal. J'effleurais les objets du bout des doigts, pour ne pas laisser d'empreinte et ne rien déranger. Charlotte m'appelait.

— Chut, j'arrive !

Il y avait un placard de chaque côté du miroir au-dessus du lavabo. Dans celui de gauche, du côté de la chambre d'Eugénie, ses peignes, son verre à dents, dentifrice, shampoing, cotons-tiges, flacon de parfum. Dans celui de droite, un autre verre et brosse à dents, un rasoir, du savon à barbe, un peigne, shampoing. J'ai approché mon nez du flacon d'eau de toilette. C'était l'après-rasage de l'abbé. J'ai osé tourner la poignée de la porte grise en face de celle de Mademoiselle.

Que fais-tu, tu es folle, c'est pire, tu le paieras cher, idiote, andouille, tu as le diable dans le ventre ! La chambre était bien celle de l'abbé. Son petit harmonium dont nous entendions la musique, le soir, quand nous étions couchées, était sous la fenêtre. J'ai aperçu l'édredon jaune sur le lit, ne suis pas entrée, ai refermé vite comme si j'avais commis un péché mortel, mon cœur avait recommencé à cogner de plus belle.

Mademoiselle et l'abbé Sarrazin avaient salle de bains commune, leurs chambres communiquaient. Je ne dis rien d'autre, leurs verres à dents se tenaient compagnie sur le lavabo, je ne leur ai jamais surpris le moindre geste en public, les deux portes de la salle de bains n'étaient pas fermées à clé, ils chinaient ensemble le dimanche, j'avais neuf ans, l'abbé me semblait vieux, il ne l'était pas tant que ça, il avait l'âge de Monmon, il aurait pu être le père d'Eugénie, il avait été très malade mais il était guéri, son évêque l'autorisait à résider au château – pourquoi ? –, il était musicien, elle était artiste, ils avaient les mêmes goûts tous les deux, je n'ai jamais entendu un mot de désaccord entre eux, elle l'écoutait, elle qui n'écoutait personne. Bien sûr Monmon et Georgette, la tante Louise aussi, n'ignoraient pas cette proximité et cette intimité.

Mais pourquoi son évêque l'autorisait-il à habiter aux Marguerites ?

10

Je me suis toujours sentie coupable de tout

Loulotte s'énervait d'être abandonnée dans son lit et elle commençait à grogner.

— Je reviens.

Devant le placard de Mademoiselle, je n'ai pu m'empêcher de presser la poire dorée du flacon de parfum. J'ai respiré les gouttes fraîches sur mon poignet. Charlotte a crié de joie en me voyant revenir. Je l'ai prise dans mes bras. Elle s'accrochait à moi et poussait avec ses pieds pour que je la sorte du lit. J'ai chuchoté :

— Non, non, non, je n'ai pas le droit, la tante Louise va venir.

Je suis allée à la fenêtre. Le ciel était immobile, bleu lumineux comme les yeux de Charlotte. La tante était encore dans le jardin, mais elle allait le quitter, elle s'approchait du portillon.

Je brûlais, je voulais tout de cette chambre, son parquet ciré, la pendulette à colonnes dorées sur la table de nuit, le petit lit bleu de Loulotte à côté du grand lit blanc de Mademoiselle, et Loulotte avec. J'ai ouvert un tiroir de la commode. J'ai vu parmi les vêtements de Charlotte la grenouillère de bébé, bleue en tissu-éponge, qu'elle ne portait plus parce qu'elle n'était plus à sa taille. J'ai pensé : Tu ne dois pas, tu vas te faire pincer, tu le paieras cher ! Mais elle était de la bonne taille pour mon baigneur noir et j'avais franchi déjà tellement de frontières, j'ai fourré la grenouillère dans mon chemisier, repoussé le tiroir.

— Je vais chercher Louise !

J'ai dégringolé l'escalier. Les sabots de Louise martelaient les dalles au bord de la douve.

— Charlotte pleure, tante Louise.

J'ai rejoint Thérèse et Monique dans la salle des exercices. J'avais étalé autant que je le pouvais la grenouillère sur ma peau.

— Où étais-tu ?

— Je vous l'ai dit, avec Louise dans le jardin.

— Tu sens quoi ?

— C'est vrai, tu sens le parfum, a dit Monique, le parfum de mademoiselle Eugénie. Où tu l'as pris ?

— Je ne sens rien du tout. Peut-être une odeur de fleurs du jardin.

— Non, c'est le parfum de Mademoiselle.

— Vous m'embêtez !

Je les ai laissées à leurs dessins, j'ai filé dans notre chambre cacher la grenouillère sous mon matelas. J'ai tourné le robinet du lavabo et frotté mon poignet pour chasser le parfum. Quand je suis revenue avec mes sœurs, Louise arrivait avec Charlotte dans ses bras. La petite s'est agitée, ses yeux brillants se rappelaient ma compagnie dans sa chambre.

— Arrête, a dit Louise qui avait du mal à contenir ses coups de pieds et de poings, qu'est-ce que tu as ?

Monique a chuchoté :

— Tu sens encore le parfum.

La grenouillère est restée plusieurs jours sous le matelas. Et puis un soir je me suis décidée, nous enfilions nos chemises de nuit, à l'essayer sur mon baigneur. Je ne m'étais pas trompée, la grenouillère lui allait parfaitement, la longueur des pieds, des jambes, des bras.

— Où tu l'as trouvée ? m'a questionné Thérèse.

Et aussitôt :

— Mais c'est la grenouillère de Charlotte !

— Peut-être.

— Où tu l'as prise ?

— Je l'ai prise.

— Tu n'as pas le droit !

Les regards de Thérèse et Monique imaginaient déjà le drame.

— Charlotte ne peut plus porter cette grenouillère, maintenant. Si vous ne dites rien, Eugénie ne le saura pas.

Elle l'a su pourtant. Elle est entrée dans notre chambre un matin, alors que nous allions partir à l'école, elle ne le faisait jamais, quelques jours avant nos secondes grandes vacances. Mon baigneur que je cachais dans la table de nuit était encore sur mon lit. Elle a demandé :

— Qu'est-ce que c'est que ça ?

— Mon baigneur.

Elle m'a saisie par l'oreille. Elle tirait fort, me faisait mal.

— Ton baigneur ? Et qu'est-ce qu'il a sur le dos ?

— Une grenouillère.

Elle a tiré plus fort.

— La grenouillère à qui ?

— A Charlotte.

La gifle est partie, deux, le plat de la main d'un côté, le revers de l'autre.

Elle m'a empoignée par les cheveux, m'a forcée à m'asseoir sur le lit à côté d'elle. Je pensais : C'est bien fait, ça devait arriver, il ne fallait pas, tu es toujours en bêtises, c'était sûr. J'entendais son souffle à côté de moi. Elle me tenait toujours par la tignasse. Mes sœurs étaient là. La tante Louise est entrée dans la chambre attirée par le bruit. Mademoiselle a crié :

— Explique.

J'ai expliqué, le dimanche, les pleurs de Charlotte, je suis montée dans la chambre, j'ai vu la grenouillère que j'ai prise, je suis allée chercher tante Louise.

— Tu n'as pas vu la grenouillère ! Tu as fouillé ! Tu as volé autre chose ?

— Non, c'est tout.

Elle s'est relevée.

— Ce n'est pas avec des manières comme celle-là que vous allez avoir Charlotte avec vous !

Elle a pris le baigneur.

— Confisqué !

Elle est sortie de notre chambre.

— Tu restes là !

Thérèse et Monique n'avaient pas bougé.

— Ma pauvre petite fille ! a soupiré Louise.

Elle se sentait coupable de ne pas nous avoir assez surveillées et de m'avoir laissée monter. Mademoiselle Eugénie est revenue. Elle avait encore mon baigneur sous le bras. Elle était calme, mais ses yeux étaient noirs. J'avais appris que ses colères froides étaient les plus dangereuses. Elle avait écrit en gros caractères sur une double feuille de cahier : « Je suis une voleuse ».

— Tourne-toi ! m'a-t-elle commandé.

— Non, Mademoiselle, non !

— Tourne-toi !

— S'il vous plaît, Mademoiselle !

Elle m'a fixé la feuille dans le dos avec des épingles.

— Maintenant, filez à l'école, vous allez être en retard. Et tu n'as pas intérêt à enlever la page de cahier, je le saurai !

Nous sommes sorties. Même pour traverser la cour des Marguerites, j'ai rasé les murs.

C'était un beau matin de presque été. J'ai refait ce chemin des dizaines de fois dans mes cauchemars. Le soleil brillait. Il faisait chaud déjà. Les pigeons ramiers avaient leurs nids dans les chênes de l'allée.

J'ai parcouru les deux kilomètres jusqu'à l'école en crabe, dos à la haie. J'ai demandé à mes sœurs de se tenir tout près derrière moi et de me cacher quand une voiture arrivait. Le hameau de Noiron était heureusement désert quand nous l'avons traversé. La troupe des écoliers était déjà partie, puisque nous étions en retard. Mais à l'Aumône... Un hameau, c'est comme une maison, on n'y entre pas sans saluer et parler aux gens, nous avons croisé le père de Viviane qui conduisait son maigre troupeau au pré, il a soulevé son béret gris de terre, « Vous n'êtes pas en avance, les écolières ! ». Il m'a vue marcher de côté, s'est retourné, je le vois se retourner dans mes cauchemars, le papier blanc me brûle le dos, je l'aurais pu, je serais entrée dans un trou de taupe. Je transpirais la honte. Thérèse et Monique se collaient à moi, silencieuses, plus proches encore à l'arrivée des voitures. Elles ne m'ont rien reproché. C'est moi qui leur ai dit :

— Pourquoi ma mère m'a faite si infernale ?

Elles se taisaient. Elles me collaient. Monique a gémi. Je l'ai rassurée :

— Ne pleure pas. Je le mérite. Mademoiselle a raison, je suis une sale voleuse.

Elle a demandé :

— Tu crois qu'on n'aura pas Charlotte ?

Et Thérèse :

— Peut-être qu'on ne l'aura jamais.

Et il y a eu la vieille Soucheau à la sortie de l'Aumône. Nous n'aimions pas cette vieille commère. Nous accélérions toujours en passant devant chez elle. Les filles de l'Aumône disaient que ses poules couchaient avec elle. Nous l'appelions Cocotte-minute. Elle avait un long nez comme un bec pointu. Elle est sortie sur son seuil. Nous avons couru pour qu'elle ne lise pas, mais nous l'avons entendue crier :

— Qu'est-ce que vous avez volé au château ? Bravo, les filles ! Vous avez de la reconnaissance envers ceux qui vous élèvent !

Nous avons couru jusqu'au cimetière. J'ai longé de si près le mur de pierre que le papier a commencé à se déchirer. Aux premières maisons du bourg, j'ai fini de l'arracher. J'ai demandé à Thérèse d'enlever les épingles. Nous avons couru. Nous craignions que Mademoiselle arrive derrière en voiture. Quand nous avons franchi le portail de l'école, la cloche sonnait.

Aujourd'hui, je me demande pourquoi je n'ai pas arraché plus tôt l'écriteau d'infamie. Je n'étais pas si rebelle. Je me suis toujours sentie coupable, de tout. J'ai toujours été sur mes gardes. Parmi les quelques brebis qu'élevait Huguette Hermenault il y en avait une qu'on ne pouvait pas approcher. Au moindre mouvement, elle dressait la tête, elle bougeait ses oreilles, sur le qui-vive, prête à bondir, inquiète, elle cessait de brouter et, si on esquissait un pas, elle détalait.

— C'est insupportable, une bête aussi sauvage ! disait Hermenault.

Elle ne l'a pas gardée longtemps. J'ai été comme la brebis. Peut-être que, si Hermenault avait été plus douce avec elle, sa brebis n'aurait pas été si craintive. Mademoiselle Eugénie nous a dressées. Nous avons appris à filer doux, chez elle. Mais c'est de confiance que nous avions surtout besoin. Une confiance qu'elle ne nous a jamais donnée.

11

Un petit nuage rosi par le soir
flottait dans le bleu
comme une âme familière

Thérèse avait raison : nous n'avons pas eu Charlotte. Mademoiselle avait tout manigancé dès le début. Loulotte l'a naturellement appelée « maman ». Quand j'étais toute seule avec elle, je lui soufflais à l'oreille :

— Mademoiselle Eugénie n'est pas ta maman.

Mais quand on a un an, deux ans, trois ans et même plus, la maman c'est celle qui vous donne à manger et à boire, qui vous habille et vous caresse.

— Ta maman, c'est la même que la mienne, elle est malade, mais elle est vivante, tu es en pension ici comme moi, tu as les yeux bleus de maman.

Mademoiselle Eugénie devait nous emmener voir notre mère au moins tous les six mois. Elle ne l'a pas fait. Nous n'avons visité notre petite maman qu'une fois l'an, parfois même un an et demi. Les jours fastes, Monique appelait aussi Mademoiselle « mamoune ».

C'est moi qui ai donné le pli aux filles d'appeler Jacqueline « marraine ». Après la communion, j'ai osé tout haut, un jour :

— Bonjour, marraine !

Elle m'a regardée, a souri. Thérèse et Monique ont repris le mot, en riant d'abord, et c'est devenu une habitude.

— Marraine Jacqueline ! Au revoir, marraine !

Nous l'avons beaucoup aimée. Son arrivée aux Marguerites était un rayon de soleil. Le bonheur de vivre ruisselait de ses prunelles d'encre. Il y a des gens comme ça, qui vous donnent envie. Je crois qu'elle aimait la vie, elle aimait son métier d'institutrice dont elle parlait souvent, elle disait : C'est un héritage de famille, elle aurait pu cesser d'enseigner, elle avait deux enfants, Jean et Marie, son mari Pierre gagnait pourtant largement de quoi vivre, elle disait : C'est ma liberté, elle aimait les chevaux, elle débarquait parfois en écuyère, nous collait sur le visage son rouge à lèvres carmin.

— J'ai pensé à vous, les filles.

Il me semble qu'elle arrivait toujours avec une bouteille de limonade, mais c'est une idée fixe de ma mémoire. Ce qui est sûr, c'est qu'elle nous apportait des cadeaux. Ses surprises étaient des bracelets de perles tressés à notre nom ou des presse-fleurs de bois et de carton. Il y a eu aussi une visionneuse en forme de jumelles. Nous manœuvrions le déclencheur sur le côté, la carte des diapositives en couleurs descendait, nous étions transportées sur la Côte d'Azur, le col du Tourmalet, Paris, la tour Eiffel. Elle voulait que nous lisions. Elle nous encourageait à lire. Elle répétait à Louise :

— Laissez-les lire. Quand elles lisent, elles ne perdent pas de temps !

Mademoiselle a promis que Jacqueline serait la marraine de communion de Thérèse, elle a été la marraine de Charlotte. Nous avons reçu beaucoup de promesses qui n'ont pas toujours été tenues.

Les deux amies avaient donc été inséparables à l'école. Elles ont été les seules filles de leur division à entrer en sixième à onze ans, chez les bonnes sœurs de Saint-Joseph. Sans Jacqueline, Eugénie n'aurait pas quitté l'école primaire. Marraine était la fille de l'instituteur et ses parents la poussaient aux études.

Chaque dernier jeudi du mois, la DS 19 de Jacqueline et de Pierre remontait l'allée pour le dîner aux Marguerites. Quand ils venaient ensemble, c'était dans la confortable voiture de son mari. La tradition des jeudis avait été gravée bien avant nous dans le marbre, sitôt le mariage de Jacqueline. Mademoiselle s'habillait. Mémé Georgette cuisinait. Nous sortions les verres à pied. Pierre était avoué, fils d'avoué au tribunal de La Roche. La DS 19 était à la mesure de notre fascination pour le couple.

— Ils ont une DS !

La DS était la voiture du général de Gaulle. Nous nous sommes assises sur la suédine douillette de la banquette arrière, Pierre et Jacqueline nous ont emmenées faire un tour jusqu'à La Roche. Monmon disait à Georgette :

— Que veux-tu, nous ne leur arrivons pas à la cheville. Qu'est-ce que nous sommes, nous autres, le château, nous l'avons remis en état, c'est tout.

— Il y a Eugénie.

— Oui, il y a Eugénie. Je ne sais pas comment elle fait. Je ne sais pas comment nous l'avons faite.

Il souriait. Pierre était plus grand que Monmon et même l'abbé, un peu plus grand que Jacqueline. Toujours en costume, c'était sa tenue de travail, il enlevait sa cravate quand il venait chez nous (c'est vrai, nous disions « chez nous »).

— J'oublie tout, disait-il, je laisse les soucis quand la DS entre dans l'allée des Marguerites. Je suis en vacances.

Il demandait à visiter les bêtes dans l'étable. Il disait que son grand-père n'avait que des moutons.

— Tu vas te salir les pieds, l'avertissait Monmon.

Pierre parlait de Jard où ses grands-parents étaient paysans et de ses grandes vacances au bord de la mer. Je me souviens des sandales de toile plates de Jacqueline, qu'elle portait, « parce que les souliers à talons la faisaient souffrir ». Elle a eu ça de commun avec moi. Nous les aurions bien suivis dans la salle à manger, mais nous étions exclues de ces derniers jeudis du mois. Nous mangions toutes les trois dans la cuisine. Mademoiselle prétextait l'école. Mais, pendant les vacances, c'était pareil. Georgette disait que nous étions plus tranquilles et que nous mangions la même chose. Nous apportions le potage sur la table des invités, le pain, les entrées, remplacions les assiettes. Nous avons appris qu'on dessert à droite, que le maître de maison est le dernier desservi. Les invités, marraine et Pierre ou d'autres, félicitaient Mademoiselle pour ses filles bien élevées. Quand la pendule sonnait neuf heures, nous nous alignions devant la porte et souhaitions aux mangeurs une bonne soirée parce que nous allions nous coucher. Certains soirs, Jacqueline a tenté pour nous des dérogations, je l'ai entendue insister.

— Elles pourraient venir à table avec nous. Pour leur faire plaisir… Il n'y a que nous. On se serrera un petit peu. La table est grande.

— Il faut qu'elles se couchent. Si on cède un soir, pourquoi pas les autres ? Tu ne les connais pas. Elles sont dures.

Dures, le mot revenait. Quand Eugénie était furieuse contre moi, elle disait que j'étais une peau dure, un dur caillou.

Charlotte, elle, a eu droit aux repas dans la salle à manger, sur la chaise de bébé au début. Mademoiselle lui faisait manger sa purée sous le regard des invités que nous entendions s'extasier devant l'appétit et les bonnes joues du bébé. Elle quittait la table pour monter la coucher. Quand Charlotte a été un peu plus grande, elle l'a assise dans le joli fauteuil haut qu'elle avait rapporté d'une brocante et fait rempailler à neuf. Pourquoi elle ? Pas nous ? Je l'ai dit à mémé Georgette. Elle a repris la litanie,

Loulotte est petite, elle a besoin qu'on s'occupe d'elle, il faut la faire manger, est-ce que vous en êtes capables ? J'avais grandi, moi aussi. J'avais dix ans, onze ans. J'ai dit :

— Oui, j'en suis capable.

Et puis :

— Elle est la chouchoute !

— Mais non, Jeanne, il n'y a pas de préférée.

— Si.

— Tu ne veux pas qu'on aime ta petite sœur ?

— Vous ne la traitez pas comme nous.

— Tu veux qu'on te traite comme un bébé ?

— Elle n'est pas ma petite sœur !

— Qu'est-ce que tu racontes ? Bien sûr que si !

— Si elle était ma vraie petite sœur, elle serait avec nous.

Dans la salle à manger, les femmes, marraine Jacqueline, prenaient Charlotte sur leurs genoux. La petite, ravie, tendait les bras. Elle était jolie, frisée, Mademoiselle s'amusait à enrouler partout ses boucles dorées sur sa tête. Je sentais Monmon mal à l'aise de la différence entre Loulotte et nous, il essayait de rattraper, nous emmenait aux champs avec Louise, parce qu'il nous faisait travailler mais surtout pour nous sortir du château.

Nous avons chassé les doryphores dans ses sillons de patates. Il aurait pu traiter son champ mais les produits chimiques n'étaient pas son fort. Nous avons châtré les maïs quand il a fait du maïs grain. L'air manquait au milieu des maïs en été, on étouffait, mais nous étions dehors. Sans Jacqueline et Monmon, je crois que j'aurais été pire. La ferme était l'affaire de Monmon. Il se coiffait de son béret comme d'un képi de capitaine, le dimanche c'était la casquette, il commandait Ernest, soignait ses bêtes. Les femmes régnaient sur la maison. Nos problèmes étaient ceux des femmes. C'était sa fille Eugénie et l'abbé qui nous avaient en charge.

Certains jeudis soir, en revenant les bras chargés d'assiettes dans la cuisine, Monique, furieuse, se trémoussait autour de la table.

— Bisous, bisous, bisous, Loulotte ! se moquait-elle.

Elle allongeait, grande déjà, longue et mince comme elle l'est devenue, ses tresses tressautaient sur ses épaules, elle tortillait son derrière plat.

— Comme elle est mignonne, Loulotte ! Comme elle a fait un gros rot ! Comme son caca est jaune ! C'est pas du gâteau ? Bisous, bisous, bisous !

Nous riions aux éclats, nous étions jalouses, nous avons détesté Charlotte, ces soirs-là.

J'ai interrogé Jacqueline au sujet d'Eugénie et des Marguerites, il y a plus de quinze ans déjà. Nous nous étions, selon la formule, un peu perdues de vue, par ma faute. Pierre était décédé. Il fumait beaucoup. Quand il venait dîner aux Marguerites, il quittait la table au milieu du repas pour allumer une cigarette dans la cour. J'aimais sortir respirer la fumée de son tabac, il tenait sa cigarette entre le pouce et l'index, quelle élégance, et cette élocution soignée, quelle intelligence. Le temps avait passé. Ils avaient vieilli et tout organisé pour leur retraite au bord de l'océan, à Jard. Ses grands-parents possédaient, là-bas, des petits bouts de forêt de pins où ils bûcheronnaient du bois en hiver, des lopins de sable où ils charriaient le goémon abandonné par l'océan pour y cultiver des pommes de terre et des fèves. Ils entretenaient quelques carrés de marais où broutaient leurs moutons et où ils pêchaient des anguilles et des plies à la fourche à trois dents. Pierre avait remis en état la maison des grands-parents, enfoncée dans le sable au bord de la forêt, près de l'abbaye du Lieu-Dieu, avant que la maladie l'attrape. C'est à une trentaine de kilomètres des Marguerites. Il disait qu'il avait chopé le virus de la mer pendant ses vacances d'enfant. Il s'était acheté un bateau, un petit, pour la pêche et la promenade. La maladie ne lui a pas laissé la chance de le sortir longtemps.

J'ai appelé Jacqueline pour lui annoncer ma visite.

— Je peux venir te voir, marraine ?

Je n'avais pas pu, pas su, être présente à l'enterrement de Pierre. Elle m'a accueillie dans la cour de leur jolie maison au petit mur de pierres blanches coiffées de tuiles roses. Nous nous sommes embrassées. Elle n'avait plus de rouge carmin sur les lèvres. Je lui ai dit qu'elle n'avait pas changé. Elle a souri.

— Je suis grise !

C'était vrai. Elle n'avait plus ses boucles noires. Ses cheveux avaient pris la couleur de la glace en hiver. Elle n'était plus la sportive jeune femme qui débarquait aux Marguerites. Elle avait épaissi. Elle devenait une vieille dame, mais elle n'avait pas perdu sa belle énergie. J'étais sincère. Ses yeux noirs irradiaient toujours cette lumière qui nous réjouissait tant aux Marguerites. Elle était chaussée d'espadrilles et je lui ai rappelé ses sandales de toile d'autrefois. Nous sommes rentrées dans la maison. Pierre était là partout, les photos bien sûr, mais les choses de sa vie, son chapeau de paille au porte-manteau, ses lunettes sur l'étagère de la bibliothèque, ses livres de mer, les vieux bouchons de champagne de la pendaison de crémaillère. Elle s'est intéressée à moi, ce que je faisais, ce que je devenais.

— Et Thérèse ? Monique ?

Elle m'a proposé de marcher jusqu'à la pointe du Payré.

— Nous y allions, Pierre et moi. Il disait que c'était le plus beau port de mer du monde !

Elle a enfilé un petit sac à dos sur ses épaules. Elle m'a donné un chapeau de plage à large bord, le sien, et coiffé celui de Pierre. Une brume légère, comme un rideau de soie, mouillait la cour à mon arrivée, mais elle s'était levée. Nous avons longé les murs de l'abbaye que des équipes de bénévoles restauraient. Elle m'a dit qu'elle avait été fondée par Richard Cœur de Lion. Nous avons poussé jusqu'au cimetière.

— C'est Pierre qui a commandé son caveau au maçon : Vous feriez bien de ne pas perdre de temps et de vous occuper de mon nouveau domicile, je pourrais bientôt en avoir besoin.

Les portillons de fer des cimetières devraient être plus souvent huilés, les entendre pleurer ajoute à la douleur. Nous nous sommes enfoncées dans l'ombre bleue sous les chênes verts. Je lui avais précisé au téléphone :

— J'aimerais prendre le temps de discuter avec toi de Mademoiselle.

— Oh ! vaste sujet !

Nous avons marché longtemps sous les arbres et, quand nous sommes sorties sur la falaise face à la mer, le soleil aveuglait. La marée avait nettoyé le ciel. Le sentier sinuait. Il n'y avait que nous au bord de la forêt sur l'étroite corniche qui dominait la mer. J'avais du mal à suivre Jacqueline, elle allait vite comme s'il y avait urgence, elle avait pris un bâton, pas pour marcher mais pour chasser les serpents qui se chauffaient au soleil et, après un tournant, la perspective s'est ouverte, la falaise continuait vers l'intérieur des terres, au bord de l'estuaire ensablé d'une rivière. Elle a dit :

— C'est là.

Nous avions rejoint l'embouchure comblée de sable de l'ancien havre du Payré. Elle m'a montré les dunes du Veillon.

— La dernière fois, la grande dune ne se trouvait pas là.

C'était beau. Nous nous tenions sur les hauteurs de la Pointe, la roche rouge était tranchée comme un canyon de la Vallée de la Mort. Au loin sur l'océan flottait dans la lumière la côte mouvante de l'île de Ré.

— Tu comprends ? m'a demandé Jacqueline.

Je ne savais pas si je comprenais. Elle a ajouté :

— Ici, je lui parle et il me parle.

J'ai alors réalisé qu'elle m'avait invitée à un pèlerinage et je lui en ai été reconnaissante. Elle m'a montré le tapis d'herbe grasse à l'ombre d'un chêne vert.

— Nous nous asseyions là, avec Pierre.

Nous nous sommes assises. Nous étions en pantalon toutes les deux. Elle s'est débarrassée de son sac à dos, m'a demandé si je voulais boire. Elle avait apporté de l'eau. Nous avons bu à la bouteille et elle a parlé, parlé. Elle m'a dit qu'Eugénie et elle avaient le même âge à quelques semaines près. Je le savais. Mais ce que j'avais appris sur Mademoiselle n'était que des fragments attrapés au vol. Elle racontait bien. Elle m'a dit qu'après mon appel au téléphone elle avait ressassé tout ça.

Elle a parlé de Marie-Marthe, la bonne sœur de l'école maternelle, qui menait son troupeau de cinquante enfants à la baguette, de Lucien Rousseau, le fils du boulanger, qui formait un trio avec elles.

— Déjà ?

Elle a souri. Tandis qu'elle me parlait, elle ramassait le sable rouge à côté d'elle et le laissait couler de sa main comme d'un sablier. J'avais entendu parler de l'aventure d'Eugénie avec le boulanger de Saint-André, le père de la camarade qui nous donnait des bonbons sur le chemin de l'école. Elle m'a dit qu'ils étaient inséparables. Lucien Rousseau n'avait pas volé son nom, il avait les cheveux rouges, des taches de son sur le visage. Les autres enfants se moquaient et l'appelaient Carotte.

— C'est pourquoi, peut-être, nous l'aimions : nous le protégions...

Ils se tenaient par la main à l'école. Le premier arrivé sur la cour attendait les autres. « Qu'est-ce que c'est que ces histoires, demandait son père instituteur à Jacqueline, il paraît qu'Eugénie Martin et toi vous êtes toujours avec le petit Rousseau ? Il faut jouer avec tout le monde ! — On va se marier avec lui toutes les deux. — Mais on ne se marie pas à trois ! » Eugénie aimait peut-être un peu plus Lucien qu'elle, elle répétait : « Il sent bon, il a les joues douces, Lucien ! »

Ils ont été séparés quand, après l'école maternelle, Lucien a pris le chemin de l'école des garçons, et elles ont pleuré l'une et l'autre. Mais ils ont continué à se voir, il y avait les dimanches, les enfants rassemblés sur les petits bancs, les filles du côté de la chapelle de la Vierge, les garçons du côté de saint Joseph, ils s'adressaient des signes et se parlaient à la sortie.

Elle s'est arrêtée. L'ombre diminuait au bord du chêne vert, nous nous sommes reculées sous les branches. Elle a bu, un peu. J'avais ôté mon chapeau. Elle regardait la mer sans ses lunettes de soleil qu'elle avait oubliées. La lumière serrait les rides en étoile sur ses paupières. Elle a dit :

— Lucien avait les cheveux aussi rouges que cette poussière sur mes espadrilles.

Elles se sont éloignées de lui quand elles sont entrées en sixième. Elles étaient pensionnaires, c'était la guerre. Une bonne sœur plus jeune que les autres les séduisait, mère Marie des Neiges, qu'elles appelaient La Neige, qui réalisait des images pieuses de communion, La Neige a encouragé le don pour la peinture d'Eugénie. Elles étaient bonnes élèves, Jacqueline plutôt meilleure en mathématique, Eugénie en français. Lucien Rousseau s'était embauché à la boulange en remplacement du commis de son père prisonnier en Allemagne. Il travaillait la nuit, dormait le jour, le dimanche pendant la grand-messe il était bloqué au fournil mais, quand elles le croisaient, il clignait de l'œil et leur adressait son doux sourire, celui du petit garçon d'autrefois qui les tenait par la main. Elles ont eu en même temps leur diplôme du brevet élémentaire. Jacqueline a été nommée institutrice dans le bocage, elle avait sa chambre chez les bonnes sœurs. Eugénie enseignait dans le marais. Elles s'écrivaient de longues lettres. Eugénie s'ennuyait. Elle avait du mal avec le patois du marais. Son curé l'avait à l'œil, elle mangeait le soir à sa table. Elle n'a pas écrit à Jacqueline que Lucien avait fait le voyage dans le marais pour la voir un dimanche et qu'il était revenu.

— Tu as été jalouse ?

— Plutôt vexée. Mais nous avions vingt ans, je ne suis pas comme ça, je venais de rencontrer Pierre et Eugénie le savait. Elle s'est excusée, m'a dit qu'elle voulait être sûre, elle ne savait pas comment me l'annoncer. C'est alors qu'elle a montré son vrai tempérament. L'expérience maraîchine l'avait déçue. Elle a décidé brutalement, aux grandes vacances, de quitter l'enseignement et son curé. Elle travaillerait avec ses parents qui ne comprenaient pas et ne la voyaient pas bottée ou en sabots, dans l'étable ou aux champs, après s'être saignés aux quatre veines pour lui donner de l'instruction. J'ai essayé de la faire changer d'avis. Elle était surtout amoureuse. Elle a été follement amoureuse. Elle abandonnait tout pour Lucien. Ils sont venus à notre mariage. Ils ont dansé ensemble toute la soirée. Tout le monde les voyait mariés. Ça a duré presque deux ans…

— Qu'est-ce qui s'est passé ?

— Ils jouaient avec le feu. Les parents de Lucien et d'Eugénie accéléraient les préparatifs de la noce. La pilule n'existait pas. Le repas de fiançailles a eu lieu au printemps chez le boulanger. Eugénie a porté la bague de Lucien. Le mariage se passerait à l'automne aux Marguerites. Au mois de juillet, tout d'un coup, ç'a été fini. Elle ne voulait plus, elle lui a rendu sa bague.

Jacqueline s'est rentrée encore un peu sous le chêne vert. Le soleil descendait. Elle a abaissé sur ses yeux la visière du chapeau de Pierre. Parfois, en parlant, elle contemplait sa poignée de sable rouge dans le creux de sa main, l'effleurait de l'index et en chassait quelques grains comme si elle les triait.

— Lucien, a-t-elle dit, tombait des nues. Il avait le cœur rempli à ras bord d'Eugénie. Les parents ne comprenaient pas non plus. Ce sont tous les préparatifs de la noce qui te déplaisent ? Tu trouves qu'on en fait trop ? On peut réduire. Ils m'ont appelée à l'aide. Je suis venue aux Marguerites. J'ai parlé à Eugénie. Elle m'a répondu : « Tu me vois boulangère ? — Mais... — Je ne me vois pas boulangère. Tu me vois derrière un comptoir ? Je ne me marierai pas. » Je connaissais assez mon Eugénie pour savoir qu'elle ne changerait pas d'avis.

— Elle aurait pu réfléchir plus tôt. Elle savait bien que Lucien était boulanger.

— Je le lui ai dit. Elle a répondu : « J'étais amoureuse. — Tu ne l'es plus ? » Elle a haussé les épaules.

— Elle ne s'est pas mariée par orgueil ?

— Peut-être.

J'ai acquiescé.

— Le boulanger n'était pas à son niveau. Elle voulait un châtelain, mais elle était roturière.

Jacqueline m'a regardée dans les yeux.

— Pierre disait à peu près la même chose que toi. A son avis, elle a préféré le château. Moi, je pense qu'elle a voulu être libre. Ç'a été sûrement terrible pour les parents. Mais tu les as connus, ce qui se passait aux Marguerites restait aux Marguerites. Lucien a épousé la fille du forgeron, l'année d'après. Leur couple a tangué. Elle était enceinte, mais Lucien tournait encore autour des Marguerites. Sa femme est repartie pendant plusieurs semaines chez ses parents. Il a proposé à Eugénie de tout laisser pour recommencer avec elle. Mais Eugénie est restée ferme. « Ce n'est pas que je n'aime pas les hommes, m'a-t-elle dit. J'ai aimé Lucien. » Ça, je le savais.

J'ai interrogé Jacqueline :

— Et l'abbé Sarrazin ?

Elle a haussé les épaules.

— Des bruits ont couru, bien sûr. Il était bel homme. Il sortait de sanatorium. Elle l'a installé au château. C'est probable.

J'ai raconté leurs chambres côte à côte, leur salle de bains.

Le soleil s'embrasait. Il s'approchait de l'océan. Il fallait que nous rebroussions rapidement chemin, j'étais venue en car. Nous nous sommes levées. Nous avons vidé la bouteille. Elle a dit :

— On voit vraiment bien l'île de Ré, le temps pourrait changer.

Et quand nous repartions :

— Ils ont trouvé une centaine d'empreintes de dinosaures fossilisées que la mer ne découvre qu'aux grandes marées.

Je lui ai demandé en marchant :

— Elle est restée ton amie ?

— Bien sûr. Nous avions tellement partagé pendant notre enfance et notre jeunesse.

Elle a vu ma grimace.

— Je sais que ça n'a pas été toujours facile pour vous.

— C'est le moins qu'on puisse dire.

— L'amitié ne s'explique pas. Et puis il y avait Monmon, Georgette, Louise…

J'ai dit :

— Et nous ? Qu'est-ce que nous venions faire là-dedans ? Nous étions des bouche-trous, des enfants de remplacement ?

Elle a soupiré. Un petit nuage rond et rosi par le soir flottait dans le bleu au-dessus de nos têtes comme une âme familière. Elle a tenu à me faire entrer à la maison avant que je parte.

— Je veux te montrer quelque chose…

Elle est allée chercher dans la bibliothèque du salon. Elle est revenue avec un livre relié de cuir, un missel, dont elle a tourné les pages. Elle en a retiré trois images qu'elle a alignées devant moi. La première représentait une petite fille et un enfant Jésus, sur la seconde la petite donnait la main à un ange, sur la troisième un jeune garçon était agenouillé dans un jardin. Elle les a retournées.

— Nous avons fait notre communion ensemble.

Les trois images portaient, en effet, la mention semblable : « Première visite de Jésus dans mon cœur » et la même date : « 9 avril 1935 », « Jacqueline Durand » sous l'une, « Eugénie Martin » sous l'autre, « Lucien Rousseau » sous la troisième. Elle a retourné à nouveau les images, pointé le doigt dans le coin. La signature microscopique était la même : « Marie des Neiges ». La Neige.

12

Comme des étrangères, avec nos cartables lourds sur le dos

Charlotte est allée en maternelle à l'école de Saint-André en 1966, elle avait cinq ans. Je n'y étais plus. J'entrais, cette année-là, en cinquième au collège. Nous partions toujours à pied, Thérèse, Monique et moi. J'aurais aimé faire la route à vélo. Mon cartable était lourd maintenant. J'étais grande déjà. Mais il y avait mes sœurs.

— Tu vas me dépasser ! disait la tante Louise, qui n'était pas si petite, en redressant son dos voûté.

Je bousculais mes sœurs.

— Je vais rater le car !

J'ai toujours eu peur d'arriver en retard, à un rendez-vous, pour prendre le train, il faut que je poireaute sur le trottoir ou le quai comme une imbécile pendant une demi-heure. Je laissais mes sœurs continuer vers l'école et je montais les marches du bus scolaire à l'arrêt, moteur au ralenti, devant le café-bureau de tabac. J'enjambais des pieds en remontant l'allée de lino ondulé, des jambes se tendaient pour m'empêcher de passer. Nous avions tous notre place attitrée depuis le début. Ça s'était fait comme ça. La mienne était au milieu, ni avec les bons élèves du devant, ni avec les endiablés de l'arrière. Je basculais sur le côté et m'affalais sur le skaï râpé du siège. Le chauffeur avait ses habitudes au café. Les relents d'alcool se répandaient dans le car. La porte se refermait bruyamment avec un soupir fatigué des protections en caoutchouc, le bus s'ébranlait. Un quart d'heure après, nous nous bousculions dans l'entonnoir du collège.

Ce matin-là de la rentrée de 66, j'ai guetté Charlotte, le nez contre la vitre du bus. Je l'avais prévenue.

— Tu verras le bus bleu, si vous n'êtes pas en retard. Je serai dedans.

J'ai vu la Peugeot descendre la rue, me suis penchée. Charlotte était assise sur la banquette avant à côté de mademoiselle Eugénie. Elle m'avait demandé :

— Je veux aller à l'école avec toi, Jeanne.

— Ça n'est pas possible. Tu seras avec Monique et Thérèse.

Mademoiselle lui avait acheté des livres. Charlotte voulait apprendre à lire. Nous lui lisions des histoires. Jacqueline nous offrait des livres. J'adorais lire des histoires à ma petite sœur et prendre le ton des personnages. Mais plus la date de la rentrée approchait, plus des ombres tournaient dans ses yeux. Je lui avais promis :

— Ne t'inquiète pas. Nous partirons en même temps. Nous serons ensemble quand même.

Je croyais que ce serait comme ça. J'imaginais Loulotte faisant la route avec nous. Je me voyais la portant sur mes épaules comme à la promenade sur le chemin blanc ou dans l'allée pendant les vacances. Charlotte avait cinq ans, l'âge de Monique quand nous sommes allées à l'école ensemble, à pied. Lorsque Mademoiselle a évoqué la voiture, j'ai cru que nous y monterions toutes les quatre. Mais quand j'ai compris que la Peugeot ne serait que pour Charlotte, j'ai crié :

— J'ai promis à Charlotte qu'elle viendrait avec nous !

— Ce n'est pas toi qui décides. Elle est petite. Je veux l'accompagner à l'école.

— Alors il y a de la place pour nous quatre dans la voiture !

— Vous partirez à pied, comme d'habitude, j'emmènerai Charlotte toute seule.

— Non !

Eugénie m'a montré l'escalier. Charlotte pleurait. Mademoiselle la retenait dans les plis de sa robe. Monique et Thérèse étaient là. J'ai hurlé :

— C'est pas juste !

— Tu vas voir !

Eugénie a esquissé le mouvement de monter derrière moi. Elle l'avait déjà fait. J'avais l'expérience de ses brusques éruptions de colère. Elle a toujours été inflexible avec nous, la main leste sur le scion d'osier. De qui tenait-elle ça ? Pas de son père et sa mère. Il paraît que le grand-père Martin… J'ai monté plus vite les marches, claqué la porte du grenier. J'ai écouté si elle montait, dos contre la porte, me suis laissée glisser sur le plancher, la main sur la poitrine pour contenir la tachycardie qui montait.

J'avais l'habitude du grenier. Il n'y avait presque rien là-haut, que de la poussière et l'odeur piquante de renfermé, un entassement de vieilles portes inutiles appuyées contre le conduit de la cheminée, les arceaux d'un moine qui avait servi à chauffer les lits, nos valises en carton, une pile de *Veillées des chaumières* qui me permettait de me hausser et regarder par les châssis triangulaires entre les ardoises. On ne voyait pas grand-chose par ces chatières étroites, mais la plongée sur la cour d'honneur et la pâture et la rivière étaient intéressantes. Eugénie avait raison de m'expédier là-haut. La solitude me calmait. La boule de piquants du hérisson se défaisait.

J'ai trouvé, une fois, un moineau piégé avec moi. Par quel interstice entre les liteaux et les ardoises s'était-il glissé ? J'avais laissé entrouverte la chatière la dernière fois. Il vivait encore, mais il était affaissé sur le plancher. Quand j'ai voulu l'attraper, il s'est quand même envolé, s'est heurté aux ardoises, est retombé. Son cœur battait vite, très vite, dans le creux de ma main. Il avait peur. Ses griffes se cramponnaient à ma paume. J'ai sorti mon bras dans le triangle du châssis, ouvert les doigts. Il n'est pas parti tout de suite. J'ai regardé après avoir retiré mon bras. Il s'accrochait au zinc de la gouttière, fermait les yeux, les ouvrait, vacillait. J'entendais ses griffes gratter le métal. Ses plumes brunes se hérissaient. J'ai pensé qu'il allait mourir et tomber comme une pierre. Et puis il m'a semblé rassembler ses forces. Sa boule de plumes se reformait. Il redressait la tête. Il s'est envolé.

Plutôt qu'un capitaine, je me demande si mon père, que je ne connaîtrai jamais, n'a pas été un curieux moineau, un marginal, un solitaire, qui a trouvé pour quelques jours le vivre et le couvert et un peu de tendresse dans le lit de maman. Un asocial, un vagabond, aux vêtements et aux cheveux gras. Je tiens de lui, en déséquilibre tout le temps, entre deux chaises, hors-sol, souffreteuse, jamais guérie des maux de gorge qui m'étranglent et me laissent sur le flanc en pleine chaleur, au cœur de l'été.

J'ai agité la main contre la vitre lorsque la Peugeot est passée à hauteur du car. Charlotte avait poussé des petits gémissements quand nous l'avions embrassée à notre départ du château. Thérèse et Monique lui avaient promis de l'attendre derrière le portail de l'école. Mademoiselle lui avait attaché les cheveux en deux palmiers haut sur la tête avec des élastiques. Ma petite sœur m'a vue. Elle n'a pas eu un geste. J'ai souri, me suis forcée à lui sourire. Quand la Peugeot a tourné au bout de la rue en direction de l'école, j'avais les larmes aux yeux. Ma voisine, Françoise, mâchonnait son chewing-gum en faisant du bruit à côté de moi. Elle s'est penchée pour voir.

— Qui c'est ?

— Ma petite sœur.

— Avec ta mère ?

J'ai pensé, Ça te regarde, andouille ? J'ai répondu en essuyant ma paupière avec mon doigt :

— Elle va pour la première fois à l'école.

Elle a fait « Hum ! » et continué de mâchouiller.

— Tu as de la chance d'avoir une petite sœur.

Qu'est-ce que tu en sais, connasse, si c'est une chance ?

Mademoiselle Eugénie est venue à la sortie de l'école, le soir. Elle a pris Charlotte avec elle dans la Peugeot, et Thérèse et Monique sont rentrées à pied. J'ai fait le chemin toute seule après, parce que le bus scolaire me ramenait un peu plus tard.

Le lendemain et les jours d'après, ç'a été pareil, Charlotte en voiture, nous à pied. Et après encore, même quand il a plu, même quand il a fait froid, à pied, à pied. Elles en voiture, nous à pied. Elles nous dépassaient parfois, Mademoiselle klaxonnait. Bonjour, bonjour ! Nous avions envie de hurler. J'ai hurlé. Les nuits qui ont suivi, nous avons pissé au lit, tantôt l'une, tantôt l'autre. Nous avons étendu nos alèses sur l'appui de fenêtre de notre chambre et changé nos draps. J'avais douze ans et je pissais encore au lit.

— Mais vous le faites exprès, ma parole ! s'écriait Eugénie.

Est-ce qu'il n'y avait pas de quoi pisser au lit ? Est-ce que ce n'était pas la pire injustice ?

Je n'ai pas compris Mademoiselle. Je ne la comprends toujours pas. Elle pouvait dire que Charlotte était petite, que nous étions assez grandes pour marcher, nous étions habituées, ces deux kilomètres nous faisaient du bien matin et soir. Quand même, nous dépasser comme des étrangères, avec nos cartables lourds sur le dos ! Je ne comprends pas non plus la faiblesse de Monmon et de l'abbé. Et marraine Jacqueline ? Est-ce qu'elle n'aurait pas pu intervenir ? Est-ce qu'ils ne se rendaient pas compte ? Est-ce que Mademoiselle avait tant d'emprise ? Est-ce qu'elle était si redoutable ?

La question de ma voisine dans le bus scolaire me retourne encore le cœur (elle s'appelait Françoise Marsaud, son père était marchand de bêtes, ses poches étaient toujours remplies de sucreries, elle était la meilleure élève de sa classe de quatrième, reléguée à côté de moi, ceux du fond la bousculaient et la taxaient de bonbons et de chewing-gums) : elle m'a demandé si Eugénie était ma mère. Je ne sais pas si j'aurais voulu une mère comme elle, j'aurais préféré une maman Jacqueline. Pourtant, Thérèse, Monique et moi, nous avons copié Mademoiselle. A dix-huit ans, nous nous sommes coiffées avec des chignons comme elle. Notre première voiture, à toutes les trois, a été une Peugeot. Mais elle a été trop injuste, trop autoritaire, trop tout. L'autre, ma vraie maman Michèle, aussi jolie qu'elle, peut-être plus, me manquait, me repoussait mais ce n'était pas sa faute. Elle m'a donné le pli, je me reculais, je sortais mes piquants, à chaque fois que quelqu'un m'approchait.

Ai-je été diable ? Je l'ai été, plus que Thérèse et Monique, me suis vengée souvent. J'ai répété des bêtises de chez Hermenault. Le robinet de la citerne de fuel ouvert, c'est moi. La porte du poulailler mal fermée en mai, quand le renard a des petits à nourrir, c'est encore moi, le grand coq de la tante Louise n'a même pas été sauvé. J'ai été accusée, il y a eu du grenier dans l'air. Je confesse ma faute aujourd'hui, mais j'ai nié, même à l'abbé lorsqu'il m'a agenouillée, son étole violette autour du cou, dans la salle des exercices, pour écouter mes péchés et me contraindre au repentir.

Mes résultats sont devenus insuffisants puis catastrophiques en cinquième. J'avais eu de bonnes notes jusque-là, mes leçons rentraient, mon écriture était soignée.

— Qu'est-ce qui se passe, Jeanne, m'a demandé madame Lagrandeur, nous étions contentes de toi, regarde ton cahier, qu'est-ce qui t'arrive ?

Elle m'a retenue à son bureau après son cours de mathématiques. J'ai regardé les autres filles partir. Lagrandeur était un nom difficile à porter pour un professeur. Nous l'appelions Gargamelle. Elle attachait en catogan ses cheveux gris qui paraissaient toujours mouillés. Les débits de robinets ou les horaires de trains qui se croisent m'amusaient. Jongler avec les formules d'algèbre ne m'intéressait plus.

— Tu es fatiguée ? Tu as l'esprit ailleurs.

J'ai fait non, de la tête.

— Tu n'aimes pas les maths ?

J'ai fait non. Je ne comprenais pas non plus ce qui m'arrivait. Il n'y avait pas qu'en maths. Il me semblait que j'écoutais. Je notais docilement sur mon cahier ce que la prof écrivait au tableau. Je ne fixais plus. Les explications entraient par une oreille et ressortaient aussitôt. Gargamelle était assise à son bureau, je croisais les bras au pied de l'estrade. J'ai pensé : C'est toi que je n'aime pas. Son physique de grande femme ossue n'avait rien pour elle mais, surtout, il y avait eu cette question qu'elle m'avait posée, la voix sèche devant toute la classe, à son premier cours : Ton adresse est bien aux Marguerites, chez madame Martin, mais toi c'est Cardineau ? Elle avait ajouté : Madame Martin est ta tutrice ? Il y avait eu des bruits de pied sur le plancher de la classe, des sourires échangés par les autres élèves.

— Tu m'écoutes, Jeanne ?

J'ai fait oui, de la tête.

— Tu révises tes leçons, le soir ?

— Oui.

— Tu as un lieu pour travailler tranquillement aux Marguerites ?

— Oui.

— Si tu le voulais, tu pourrais venir en classe de temps en temps pendant la récréation de midi, je t'aiderais à refaire les exercices.

Ça, n'y compte pas, ma vieille, certainement pas.

J'avais toujours les bras croisés. Je n'ai pas répondu. Je ne baissais pas les yeux. Elle n'était pas une méchante femme ni une mauvaise prof, peut-être trop raide. Il y avait eu la maladresse de ses questions du début mais je m'écroulais aussi dans les autres matières. Gargamelle n'avait pas tort : j'étais devant mes devoirs et mes leçons, mais je n'étais pas dans mon livre. J'attendais que ça s'imprime tout seul. Je ne faisais pas l'effort.

Est-ce que j'en étais capable ? J'étais là et mes pensées s'égaraient dans un monde de brumes. J'étais malheureuse d'être comme ça.

La sonnerie a indiqué la fin de la pause de l'intercours. Gargamelle a mordu sa lèvre, arqué les sourcils et soupiré :

— Tu pourrais au moins faire l'effort de soigner l'écriture et la présentation.

J'ai soutenu son regard. Elle a rangé son livre, son classeur et ses crayons dans son gros cartable.

— D'accord ?

J'ai murmuré :

— D'accord.

— Vas-y.

Je me suis sauvée.

C'est à la fin de cinquième aussi que j'ai eu mes premières règles, à treize ans. J'ai pleuré. Je revenais du collège. J'ai senti du chaud en marchant, dans ma culotte, je me suis cachée dans le chemin creux de la sortie de l'Aumône, j'ai regardé, il y avait du sang.

J'ai pleuré. Je savais ce que c'était. Mes seins qui poussaient me faisaient mal. Je ne voulais pas. J'avais peur de ce qui s'annonçait. J'ai touché, respiré l'odeur sur mon doigt.

Je ne voulais pas devenir comme maman. Je me suis enfermée dans la salle de bains du château, j'ai frotté, lavé ma culotte. J'ai regardé dans le miroir ce visage large que je trouvais laid, ces pommettes saillantes, ces cheveux revêches. J'ai mis du coton au fond de la culotte propre. Mais je n'avais pas trente-six culottes dans mon trousseau. L'Assistance nous en fournissait cinq. Et le coton n'a pas été suffisant. J'ai eu du sang sur les cuisses. Thérèse a vu ma culotte. Elle a appelé la tante Louise.

— Ne t'inquiète pas, m'a dit Louise, c'est normal, tu deviens une femme, je vais t'apporter ce qu'il faut.

— Je ne veux pas devenir une femme !

— Tu ne veux pas, ma pauvre, tu feras comme tout le monde, tu apprendras à te supporter.

J'ai ramené mes genoux sous moi, cette nuit-là, dans mon lit. Qu'est-ce que j'allais faire de ce corps trop long, trop mince ? Je n'étais pas mauvaise en sport. Nous faisions du basket au collège. A mon réveil, le lendemain, j'ai cru que, comme souvent, j'avais fait pipi au lit, et me suis rappelé. Eugénie m'a fait signe de la suivre dans la salle des exercices après le petit déjeuner. Elle m'a donné un paquet de garnitures.

— Tiens !

Je connaissais déjà ces garnitures. Des filles en avaient dans leur sac au collège et me les avaient montrées. Elles les appelaient des carolines.

13

C'est toi, Jacqueline, qui m'as décidée, au cours du dîner du mois de mai

Je suis revenue plusieurs fois retrouver Jacqueline à Jard, pour elle, mais pour moi aussi. L'écouter me faisait du bien.

— Je peux dire que je me suis attachée à vous, les filles, m'a-t-elle confié, les trois, les quatre, parce que vous étiez terriblement attachantes ! Nous arrivions, Pierre et moi, et vous vous précipitiez vers la voiture. « Marraine Jacqueline ! » Ce n'était pas seulement pour les cadeaux que nous apportions. On sentait chez vous le besoin d'affection. J'étais encore institutrice à cette époque-là. On sent tout de suite dans une classe les petits qui sont en manque, ils viennent vers vous, vous prennent par la main, ne vous lâchent pas, même des CP et des CE.

Elle m'a fait plaisir. A chaque voyage, je suis passée, avant, visiter la tombe de Pierre, pour l'associer à notre rencontre. Nous ne retournions pas à la Pointe du Payré. Nous nous asseyions sur la terrasse qu'il avait voulue face à la forêt de chênes verts et de pins. La rumeur sourde de l'océan, au-delà, nous accompagnait. La première fois, Jacqueline m'a demandé ce que je désirais boire. J'ai répondu :

— Rien.

Et puis :

— As-tu de la limonade ?

Elle a souri. Elle n'en avait pas. Mais la fois suivante, elle a apporté sur la table la bouteille au bouchon-fermoir de porcelaine et de caoutchouc. Elle m'a dit qu'elle avait une autre « madeleine de Proust » quand elle pensait à nous, c'étaient les cèpes : quand elle a entendu parler de nous, ils mangeaient des cèpes à leur traditionnel dîner du jeudi aux Marguerites, au mois de mai 1960. Ils avaient l'habitude des champignons que Louise flairait comme un chien truffier sous les feuilles et les mousses. Mais des cèpes qu'elle venait de cueillir au printemps ? Une bonne trempe avait arrosé les terres chaudes des Marguerites.

— Les cèpes de printemps sont les meilleurs, parce qu'ils sont les premiers, disait Louise, mais il faut les guetter, ils sont tout de suite pourris de vers !

Georgette avait rissolé les champignons en morceaux ni trop gros, ni trop fins, et les avait servis, à peine croquants, caramélisés en surface et fondants à cœur. J'en ai dégusté moi aussi, après. Mais, ce printemps-là d'avant notre arrivée, ils en avaient plein leurs assiettes.

— En fait, j'ai été votre marraine avant de vous connaître, m'a dit Jacqueline.

Et elle m'a expliqué. Elle ne se rappelait pas comment on en était venu à parler de nous. Monmon a soupiré : « Qu'est-ce qu'elles vont devenir, ces petites Cardineau ? » Il a raconté le cordonnier de la rue d'Ecquebouille, ils étaient presque des amis, ils prenaient un verre ensemble le jour de la Saint-Crépin, la fête des cordonniers. Georgette a évoqué sa petite femme, coquette, derrière le comptoir, et Michèle, leur fille, notre maman, pas vraiment innocente, jolie comme un bouquet. Elle a dit que tant que les parents étaient là, ça allait, Michèle aidait à la cordonnerie. Mais après… Monmon a soupiré :

— C'est un malheur.

Ils ont raconté l'histoire du cordon mal placé, la malchance, la mort du père et de la mère la même année, la gamine toute seule à la maison, à seize ans on est une gamine, n'importe laquelle aurait été perdue, alors elle… Elle n'a pas été perdue pour tout le monde. Une première fille, sans père, lui est venue, une autre l'année d'après, et une autre. Elle n'était pas capable de les élever.

— Et c'est là, m'a dit Jacqueline, qu'Eugénie, qui n'en savait pas plus que moi à votre sujet, a demandé :

— Qu'est-ce qu'on a fait des enfants ?

— Ce qu'on en fait quand ils n'ont pas de parents, a répondu Georgette. Le tribunal les a donnés à l'Assistance.

— J'ai vu la première fille de Michèle, avant qu'on la lui retire, a ajouté Monmon, sa mère la promenait dans une poussette. Elle était mignonne comme tous les petits. Les gens de La Roche ont essayé de l'aider au début, parce qu'ils avaient de l'estime pour ses parents. Elle faisait des ménages. Mais fille-mère une fois, passe, mais deux, trois fois. Et puis il y avait ses crises.

Il a murmuré après, en regardant Eugénie, comme si cette idée lui trottait derrière la tête :

— On ne manque pas de place aux Marguerites. Il y en aurait pour ces gamines, chez nous.

Jacqueline s'est tue. Peut-être que j'ai bougé. Nous étions assises dans les chaises de jardin en fer garnies de coussins de toile verte. Peut-être m'a-t-elle vue rougir de l'entendre parler de nous ? Le vent d'ouest nous apportait la rumeur lourde du ressac. Elle a rempli mon verre et le sien.

— Bois.

J'ai bu :

— Continue, marraine…

Elle a bu aussi, elle a répété en souriant :

— Les cèpes…

Et elle a dit qu'Eugénie, à table en face d'elle, avait répondu à son père que l'Assistance ne donnait pas les enfants à qui les voulait sur un coup de baguette magique. Et qu'elle, Jacqueline, avait demandé à son amie :

— Ça serait possible, tu les prendrais ?

Eugénie l'avait regardée.

— Pourquoi pas ?

— Les trois ?

Elle connaissait son Eugénie. Elle l'avait devinée un peu jalouse des deux enfants qu'elle avait eus avec Pierre. Un éclair de défi a sillonné les prunelles d'Eugénie.

— Oui.

Trois mois plus tard, Jacqueline a senti, en descendant de voiture pour leur rendez-vous de fin d'août, qu'il y avait quelque chose. C'était dans l'air. Il faisait beau. Les fougères étaient cuites sur les talus de l'allée des Marguerites. Ils auraient pu manger dehors sous le tilleul. C'était sur les visages, d'Eugénie, de Monmon, et même de Georgette et Louise. Elle a senti ça et l'a chuchoté à Pierre. Ils sont entrés dans la salle à manger, fenêtres ouvertes, couvert mis, serviettes blanches. Un bouquet d'hortensias bleus fleurissait la table. Quand ils se sont assis, Monmon a dit en regardant les femmes :

— Arrêtez, avec vos cachotteries. Allez, vous en brûlez d'envie.

Il s'est tourné vers Eugénie :

— Dis-le, toi !

Elle a croisé les bras et, à Pierre et Jacqueline :

— Le château va se remplir…

— Dis-le mieux que ça, a grogné Monmon.

— Nous allons avoir les petites Cardineau, les trois, l'Assistance nous les confie.

— C'est vrai ? Quand ?

— Là, dans quinze jours, pour la rentrée des classes.

Ils n'avaient pas commencé à manger. Ils n'avaient pas de cèpes, ce soir-là. Jacqueline ne se souvenait pas de ce qu'ils avaient mangé. Peut-être un confit de poule de Georgette. Monmon a dit en remplissant les verres que ça s'était fait assez facilement. Eugénie avait posé sa candidature au bureau d'aide à l'enfance, caserne Travot. Il y avait eu une enquête. Les inspecteurs étaient venus au château. L'œil d'Eugénie papillotait, elle souriait. Bien sûr, les inspecteurs, quand ils avaient vu les Marguerites, et puis Eugénie avec son parcours et son année d'institutrice… Jacqueline l'a admirée, à ce moment-là. Elle a pensé qu'on connaît mal ses amis. Elle s'est reproché ses jugements rapides sur sa vie égoïste à l'abri des murs du château. Eugénie était plus généreuse qu'elle, que Pierre et elle. Elle ne se sentait pas de prendre les enfants des autres, trois petites sœurs d'un coup, même pas une, avec leurs deux enfants. Le soleil couchant qui les éclairait dans le dos, elle et son père, leur faisait comme une auréole. Elle leur a demandé :

— Ça ne vous fait pas peur ?

— Nous sommes tous d'accord, a répondu Monmon.

— Vous êtes courageux ! a dit Pierre.

Eugénie l'a pointée du doigt.

— C'est toi qui m'as décidée, Jacqueline, au dîner du mois de mai.

— Moi ?

— Tu m'as demandé si je prendrais les trois.

Jacqueline a haussé les épaules.

— C'est ce que je t'ai dit qui t'a décidée ?

— Oui. Pourquoi ?

Monmon a levé son verre.

— A la santé de ces enfants qui vont remplir notre maison !

Il a ri.

— Tu seras leur marraine, Jacqueline, puisque c'est à cause de toi !

Ils ont trinqué.

— Ce ne sera pas forcément facile tous les jours, a tempéré Georgette.

— Les gens vont dire qu'on folleye ! a ajouté la tante Louise. Est-ce que vous savez vraiment ce qu'ont supporté jusque-là ces petites qui sont déjà grandes ?

Georgette et Louise ne manifestaient pas le même enthousiasme, c'était clair. L'abbé Sarrazin se taisait. Jacqueline a interrogé sur le parcours des filles, leurs noms, leur âge. L'abbé a répondu. Il avait accompagné Eugénie au bureau d'aide à l'enfance, à la caserne Travot. Ils ont parlé finances. Bien sûr, l'Assistance publique versait une allocation pour chaque enfant mais ça ne représentait pas une fortune. Les Martin ne faisaient pas ça pour l'argent. En reposant son verre, Pierre a fait :

— Bravo !

Et Jacqueline à Eugénie :

— Je suis contente.

Elle ne se souvenait pas de ce qu'ils avaient mangé, mais elle était sûre qu'elle n'avait jamais été aussi proche, aussi fière de son amie, que ce soir d'août. Elle n'a pas imaginé une seconde, Pierre non plus, que derrière la générosité se cachaient des intentions moins pures.

14

Les petites Marguerites

La télévision est arrivée aux Marguerites un peu après nous, les filles. Ils ont été d'accord pour placer sa table roulante devant la vitrine de la bibliothèque. Nous la regardions dans la salle à manger, le mercredi soir. Nous n'avions pas d'école le jeudi. Nous nous tenions à carreau lorsque approchait la soirée de La Piste aux étoiles, le premier mercredi du mois.

Les voisins Remaud de la Trézanne venaient voir la télé avec nous, ces soirs-là. Les Remaud avaient cinq garçons et une fille. Ils arrivaient à huit, quelquefois dix lorsque les grands-parents étaient de sortie aussi. Nous déplacions la table, apportions des chaises. Roger Lanzac apparaissait sur l'écran en habit de lumière et chemise à jabot, les yeux pochés. Nous étions alignés comme au cinéma devant le gros poste acajou à bouton doré et touches de plastique blanc. Mémé Georgette faisait circuler son bocal de biscuits croquants au beurre. L'abbé, Monmon et le père Remaud buvaient un café, les enfants et les femmes une tisane d'anis étoilé.

Je me suis retrouvée assise un soir à côté de Robert, quinze ans, l'aîné de la Trézanne, qui travaillait désormais avec son père. Les chaises étaient rapprochées. Les petits se serraient devant. Jusque-là, je n'avais pas remarqué Robert, que je ne trouvais pas beau. Il avait le menton en galoche, la figure longue. Nous avions partagé plusieurs fois le goûter des Remaud quand Georgette nous envoyait chercher du miel à la Trézanne – le grand-père Remaud avait des ruches –, la mère de Robert nous préparait des tartines. Robert et moi ne nous touchions pas, mais j'ai senti irradier la chaleur de sa jambe proche de la mienne. Je ne crois pas qu'il ait cherché à provoquer quoi que ce soit, il ne s'intéressait pas à moi. Le bocal de mémé Georgette passait de main en main. Ça venait de moi.

— Tu veux un gâteau ?

Sa voix m'a donné chaud. Comme si j'avais bu du vin. Comme si je ne l'avais jamais entendu avant.

J'ai eu envie de le toucher, qu'il me touche. Je n'avais jamais éprouvé une sensation comme celle-là. J'étais bien. Je ne la nommais pas encore le désir. J'étais en robe, les jambes nues. Des papillons volaient dans mon ventre. C'était à la fin de mon année de cinquième. J'ai donné le bocal devant. En me penchant, j'ai pressé ma jambe contre celle de Robert. Ça n'a duré que deux ou trois secondes. Il a tourné la tête, m'a regardée.

Il a été mon premier amour. Il ne s'est rien passé. Il est revenu voir La Piste aux étoiles. Je le trouvais beau maintenant. Je pensais à lui tout le temps. Sa tête de navet et son grand cou ne me déplaisaient plus. Je me suis rapprochée de sa sœur Madeleine, quatorze ans, qui commençait à remplir les rayons de l'épicerie du bourg pendant les grandes vacances de cet été-là. Je demandais :

— Où est Bob ? Que fait Bob ?

— Laisse Bob tranquille. D'ailleurs, il ne s'appelle pas Bob.

J'ai accompagné le grand-père Remaud qui relevait les hausses de ses ruches. La Trézanne est bordée par une gîte de châtaigniers à la lisière fleurie de bruyère. Ses abeilles ont produit, cette année-là, un miel blond de bruyère en abondance. J'ai gravé « Bob » au couteau dans l'écorce lisse du gros charme près de notre cabane au bord de la rivière. Nous l'avons accompagné, Madeleine et moi, juchées sur le garde-boue du tracteur, le chien vautré sur nos sandales, quand il portait de l'eau aux bêtes avec la citerne. Il avait retourné les manches de sa chemise écossaise. Il conduisait vite. Le tracteur McCormick rouge nous secouait dans les ornières. La soirée chaude bourdonnait d'insectes. Le chemin montait. Notre chargement soulevait un nuage de poussière. Nous poussions des cris aux secousses. Il a ouvert la vanne de la citerne au-dessus de l'abreuvoir et sa main au bout du tuyau a fait gicler l'eau sur nous. Nous nous sommes précipitées et nous avons lancé de l'eau de l'abreuvoir sur lui. Il m'a attrapée et a essuyé ses grands doigts mouillés sur mon visage et mes cheveux. Le grelot du chien noir nous frétillait autour. J'ai fermé les paupières, tournée vers le soleil, et ma tête a été remplie d'une éblouissante lumière rouge.

J'ai appris à la rentrée de septembre que Bob sortait avec la fille du mécanicien du bourg, elle avait le même âge que lui, je ne pesais pas lourd avec mes trois ans de moins, j'étais une gamine. Il continuait de venir voir La Piste aux étoiles aux Marguerites. Et puis, à Noël, les Remaud se sont offert la télévision. De l'allée du château on découvrait l'antenne sur le toit de leur maison.

Nous avons toujours bien mangé aux Marguerites. Tout ce que je sais en cuisine, c'est à mémé Georgette que je le dois. Mademoiselle Eugénie lui reprochait de cultiver chez nous le péché de gourmandise.

— Et alors, je ne l'ai pas cultivé avec toi ? Tu es devenue difficile ! Apprendre à bien manger n'est pas un péché.

Georgette avait toujours la cuiller à la main ou la pointe de couteau pour explorer dans la cocotte. Je me rappelle la lessiveuse où cuisaient ses bocaux de pâté de canard. J'ai tourné la manivelle du moulin à viande fixé au bord de la table de la cuisine, elle glissait les lamelles de filets dans l'entonnoir, manches retroussées, les mains rougies jusqu'aux poignets.

— Tourne, Jeanne, tourne !

Le dimanche matin, quand Eugénie avait le dos ailleurs, elle nous préparait des tartines de crème. Elle prélevait la peau épaisse sur le lait qui avait bouilli, l'étalait sur le pain, saupoudrée de sucre. Nous trempions nos tartines dans le café clair. La journée commençait par le dessert !

Il y avait aussi, en été, les caillebottes. Monmon apportait le bidon de lait encore tiède, juste trait. Georgette y plongeait le sachet de chardonnette. Le lait « prenait » et elle le faisait cuire quelques secondes avant de le mettre au frais et de l'arroser de café froid sucré. Monmon et l'abbé y ajoutaient quelques gouttes d'eau-de-vie.

Pour Pâques, elle boulangeait la brioche que nous appelions l'alise. Peut-être, à cause de l'alise, Pâques me semblait la plus belle fête de l'année aux Marguerites. Monmon allumait le très vieux four où les Bleus ont brûlé, paraît-il, les enfants du château. J'ai vu, dans l'air saturé de farine et de levure, Georgette enfoncer ses poings dans la pâte de l'alise qui commençait à lever sur la maie et l'empreinte de ses poings disparaître aussitôt. Je me rappelle nos déboulés dans l'allée parce que nous avions reniflé le parfum chaud de la brioche en train de cuire. Je cours avec, dans les yeux, l'explosion des primevères et des violettes sur les talus de l'allée au printemps. Il y avait aussi la profusion des hampes de petits orchis violets que nous appelions pentecôtes. Plus nous approchions, plus l'odeur de l'alise grandissait. Nous nous arrêtions, essoufflées, devant la porte de fer noire et chaude du four.

— Pourquoi vous ne nous avez pas attendues ? Pourquoi vous avez fait l'alise pendant que nous étions à l'école ?

— Ne vous inquiétez pas, les filles. Vous en mangerez votre content.

J'avais eu le droit de regarder les informations à la télévision, le soir, avec Monmon, alors que mes sœurs allaient se coucher.

— Ça l'intéresse, a plaidé Monmon. Elle apprend en regardant le journal.

Je ne suis pas sûre que Mademoiselle m'y ait autorisée pour ça, ni pour me faire plaisir, elle y voyait un moyen de pression. A ma grande surprise, elle a dit :

— Je veux bien.

Elle a ajouté :

— A une condition : c'est qu'elle le mérite !

J'ai dit :

— Merci.

— Remercie Monmon. J'espère que tu ne seras pas une ingrate.

Les premières images que j'ai retenues sont celles des funérailles de Winston Churchill. Les soldats à casquette blanche précédaient le cercueil enveloppé dans le drapeau anglais sur un affût de canon. « Je ne puis rien vous promettre d'autre que de la sueur, des larmes et du sang », disait le commentateur, citant Churchill. Nous n'étions que Monmon et moi devant le poste. A moins que, ce soir exceptionnel, pour les funérailles grandioses, Mademoiselle, l'abbé et toute la maison aient été mobilisés.

En général, Monmon avait derrière l'oreille la cigarette roulée qu'il fumerait après. Il était aussi gaulliste qu'on peut l'être. L'apparition du général lui décrochait la cigarette qu'il glissait entre ses lèvres minces et suçait dans une contemplation satisfaite. Il l'appelait affectueusement « le grand Charles ». J'aimais qu'il me prenne à témoin. Je suis devenue gaulliste à cause de lui. Nous avons suivi les voyages du général en URSS, à Phnom Penh, au Canada. Nous avons ouvert le dictionnaire et avons accompagné ses déplacements sur la carte. Pour Montréal, Monmon a sorti son briquet et allumé sa cigarette.

— Tu te rends compte, cette audace : « Vive le Québec libre ! »

J'ai savouré le privilège de ces soirées en sa compagnie. J'ai aimé Monmon qui comprenait tout, excusait tout, sauf les comportements de « voyou » (c'était sa pire insulte). « Mes petits enfants, nous a-t-il demandé un jour, qu'allez-vous faire de votre vie ? » J'entends encore le tchit-tchit de papier froissé de ses mains qui se frottent, endurcies par l'étable et les champs. Je me rappelle certains soirs de soleil rouge allumant son grand feu dans le tilleul de la cour, tandis que les images grises s'agitent sur l'écran. Mes sœurs sont parties se coucher. Tante Louise et mémé Georgette finissent de ranger la cuisine. Eugénie a accompagné Charlotte à l'étage. Je veille avec cet homme qui pourrait être mon grand-père. Mes connaissances de la politique et de l'actualité épataient les filles du collège. Pourquoi j'étais si bonne dans ces histoires compliquées, moi à la traîne dans toutes les matières ?

Il y avait aussi les soirées de « chorale ». Nous chantions juste, mes sœurs et moi. Thérèse et Monique avec une voix de soprano, moi d'alto. L'abbé, fin musicien, nous encourageait à chanter. Souvent, le soir, après que nous étions couchées, nous entendions son harmonium jouer des cantiques mélancoliques ou des accompagnements de messe qui nous berçaient jusqu'à nous endormir. Mademoiselle chantait aussi. J'entends les trémolos de sa voix doucement voilée s'envoler quand elle chantait « La belle de Cadix ». L'abbé disait qu'elle avait une voix d'ange. Nous avons, toutes, essayé de la copier. Elle nous rejoignait, ces soirs-là, dans la salle des exercices où nous répétions et elle renforçait notre chorale.

Avant Noël, nous sommes allées chanter avec elle dans la maison de retraite et le foyer des Petits Frères des Pauvres. Nous avons été applaudies. Elle était la soliste. On nous a donné des bonbons. Nous avons bu du chocolat. Comme nous avons eu du succès, l'abbé nous a fait chanter à la messe de minuit. Nous avons interprété à la tribune « Gloria », « Entre le bœuf et l'âne gris », « Les anges dans nos campagnes ». Nous avons été invitées en intermède aux représentations de la Passion à la salle paroissiale. C'était sérieux. Marraine Jacqueline est venue renforcer notre chorale. Elle et Eugénie avaient chanté ensemble en pension. Nous avons partagé alors des moments d'harmonie. Le père Sarrazin avait préparé les partitions. Nous écoutions Les Compagnons de la Chanson sur son tourne-disque. Il nous jouait les voix au pipeau. Nous avons chanté « Tom Dooley », « Le Marchand de bonheur ». Jacqueline, Thérèse, Monique et moi faisions « Pom ! Pom ! Pom ! » et la voix vibrante d'Eugénie s'élevait : « Une cloche sonne, sonne... »

Mademoiselle n'était plus la même, alors. L'abbé, sur le côté, battait la mesure. Nous ne regardions que lui. Sûrement, la présence de marraine apaisait Eugénie. Et puis elle était la vedette. Elle chantait tellement juste. Les gens l'admiraient. Elle avait tiré ses cheveux en un chignon serré. Nous portions sur la scène de sobres chemisiers de mousseline blancs. Nous avions appris à saluer. Le public applaudissait les petites de l'Assistance si bien élevées. Nous avons continué sur quelques podiums des kermesses alentour. Nous nous sommes même imaginé un nom, « Les petites Marguerites ». Nous avons chanté comme ça autour de chez nous pendant plusieurs saisons. Mais nous avons connu notre plus beau succès quand Charlotte a été assez grande.

L'idée est venue à l'abbé. Loulotte jouait sur le plancher pendant nos répétitions. Il lui a demandé :

— Chanterais-tu avec nous, Charlotte ?

Elle ne nous accompagnait pas sur la scène pour les premières chansons. Et puis nous entonnions en chœur « M... m... », bouches fermées, et la petite bonne femme aux cheveux bouclés de cinq ans, six ans, apparaissait tel un Pierrot derrière nous dans son pantalon-combinaison à larges carreaux bleus et blancs. Elle commençait de sa voix un peu rauque de presque bébé : « Une chanson douce... »

15

Bien sûr,
il nous arrivait de faire les folles

Elle a eu sa chambre à elle à l'étage, à l'écart de nous, juste au-dessus de la nôtre, près de celle de mémé Georgette et Monmon. Ils ont aménagé sa chambre sans nous en informer. Nous nous en sommes doutées. Nous entendions les bruits à travers les lattes du plancher. Monique, la première, a annoncé :

— Je parie que c'est pour Loulotte.

Nous avons interrogé la tante Louise.

— Oui, elle est assez grande maintenant pour dormir toute seule. Mais ça n'a pas été facile. Elle était trop habituée à la chambre d'Eugénie. Il y a longtemps que ç'aurait dû être fait. Heureusement, Georgette et Monmon, à côté, laissent les portes des deux chambres ouvertes.

— Si elle était venue avec nous, a dit Thérèse, elle n'aurait pas eu peur.

— Qu'est-ce qu'elle a de plus que nous ? a demandé Monique.

— Rien, mes enfants, rien, s'est défendue Louise.

Je n'ai pas ouvert la bouche. Pour être enfermée au grenier ou privée de télé ? Nous l'avons appelée de moins en moins Loulotte, elle devenait « la petite chouchou ».

Et puis j'ai surpris la conversation dans la salle à manger, un jeudi de Jacqueline. J'en ai voulu à marraine longtemps. Alors, elle aussi ? Elle était comme les autres. Elle se moquait de nous ! La petite chouchou était bien sûr à la table des invités, j'espionnais derrière la porte.

— Ça ne durera peut-être pas, a dit Jacqueline, les enfants changent. Mais les yeux de Charlotte sont d'un bleu de lilas !

Elle a baissé la voix. J'ai collé mon oreille.

— Pour l'instant, elle est la plus jolie des quatre.

J'entendais tinter les couverts, les bruits de la table, le rire contenu d'Eugénie s'est élevé.

— C'est normal, après les brouillons on réalise le chef-d'œuvre !

D'autres rires lui ont répondu.

— Après trois brouillons, a confirmé Jacqueline, tu as obtenu le chef-d'œuvre !

Je me suis retenue de cogner du pied et du poing contre la porte. Nous venions de manger. J'ai retrouvé mes sœurs dans la cuisine.

— Tu es un brouillon, Thérèse ! Toi aussi, Monique ! Vous êtes des brouillons ! Nous sommes toutes les trois des brouillons !

— Qu'est-ce que vous avez ? nous a interrogées Georgette, quand elle est venue nous demander d'enlever les assiettes.

— Rien… rien.

— Qu'est-ce qu'on fait ? a soufflé Monique. On casse une pile d'assiettes ?

— Non, attends.

Eugénie est montée coucher Charlotte. Nous avons salué les invités, Pierre, Jacqueline, et nous sommes parties dans notre chambre. Une longue baguette de bambou nous aidait à tirer le lourd rideau de la fenêtre. J'ai grimpé debout sur mon lit, le plafond était haut au-dessus de nos têtes et, avec la baguette, j'ai cogné à petits coups contre le plancher en martelant :

— Broui-llon !

Thérèse et Monique ont repris avec moi :

— Broui-llon ! Broui-llon !

J'ai continué. Nous tendions l'oreille. Monique a chuchoté :

— Ça y est, elle appelle !

En effet, la petite voix de Charlotte :

— Maman ! Maman !

J'ai insisté et la petite chouchou s'est mise à crier. Il y a eu les bruits de portes, les pas dans le couloir de l'étage, la voix de Mademoiselle.

— Pourquoi tu pleures ? Qu'est-ce que tu as ?

— J'entends des bruits.

— Quels bruits ? Il n'y a pas de bruit.

Je ne frappais plus au plafond. Eugénie est restée un moment avec Charlotte pour la tranquilliser. Quand elle est redescendue, j'ai recommencé avec la baguette. Charlotte a encore pleuré.

— Mais qu'est-ce qu'elle a, ce soir, s'est lamentée Eugénie, elle n'a pas peur comme ça, d'habitude !

Je n'ai pas insisté, de crainte d'être découverte. Nous avons remis ça, le lendemain, et d'autres soirs, quand la tante Louise n'était pas dans la chambre d'à côté. Les bruits entendus par Charlotte ont été supposés venir des chambres de l'étage au-dessus et du grenier. Monmon a tendu des souricières. Des mulots, des rats circulaient autour des douves. Quand les eaux baissaient, en été, elles découvraient leurs trous dans les murs.

J'ai répété à Jacqueline, à Jard, la conversation que j'avais surprise dans la salle à manger des Marguerites, autrefois. Elle s'est défendue.

— C'étaient des âneries d'adultes pendant un dîner. Vous étiez jolies vous aussi.

— Nous étions des brouillons.

— Mais non. Est-ce que je n'ai pas toujours été attentive à ce que tu faisais ? Est-ce que j'ai montré de la préférence pour Charlotte ?

— Les enfants ne pardonnent pas des paroles comme ça !

— Mais vous n'étiez pas là !

— Ne dis pas ça !

Elle a souri, triste.

— Comme tu as tout bien entendu ! Comme tu étais écorchée vive ! Comme tu l'es encore ! Nous nous méfiions pourtant. Nous savions que vous écoutiez aux portes. Je te prie de m'excuser, si je t'ai blessée. Nous avons été bêtes.

— Tu savais ce qui allait nous arriver et se passer après ?

— A ce moment-là, je crois que je ne savais pas encore. Je voyais bien la différence, qui me gênait. Je l'expliquais parce que Charlotte était petite. Pardonne-moi.

Le règlement de l'Assistance prévoyait deux visites par an à notre maman. Mademoiselle ne nous en a autorisé qu'une au prétexte, souvent, que maman n'était pas « visitable ». Elle était partie en soins, à l'hôpital. Elle n'était pas chez elle. J'ai douté que ce soit vrai. Elle faisait tout pour nous éloigner de notre mère.

A la vérité, plus le temps passait, plus le mal de vivre de maman s'aggravait. Il me semble l'avoir vue se flétrir, d'une année l'autre, comme une fleur qui manque d'eau. Elle ne souriait plus. Je me souviens de ses sourires des commencements. A moins que je les aie rêvés. Ils apparaissaient comme un éclair, un rai de soleil. Alors je croyais que tout était possible. J'ai pensé que nous étions responsables. Notre maman Michèle pouvait-elle supporter qu'on lui retire la chair de sa chair sitôt enlevée de son ventre ? J'en ai parlé, depuis, à mes sœurs. Monique s'est emportée.

— Arrête ! Tu crois qu'on n'a pas assez à supporter ? Nous ne sommes pas responsables de la folie de notre mère !

Elle n'a jamais pardonné à maman d'être comme elle était. Elle lui en veut encore aujourd'hui. C'est pour la fuir qu'elle est partie à l'étranger. Elle m'a promis que si jamais je révélais que notre mère était folle, elle ne m'inviterait plus.

— Notre mère n'était pas folle, elle était une femme-enfant.

— Elle était folle à lier !

Elle a dit là-bas qu'elle était orpheline et n'avait pas connu sa mère. Elle a deux jolis enfants à qui elle a raconté cette histoire. Elle m'a interdit de la contredire. Elle a épousé un Américain et ils vivent à New York dans le riche Upper East Side. Les dollars ne manquent pas. Ils payent mon voyage en avion quand je vais les voir. Je me dis que les cancers à répétition qui la minent sont le fruit de ses refus de se reconnaître la fille de sa mère. Mais je ne suis pas très bien placée pour parler des maladies des autres !

Mademoiselle disait que nous étions insupportables quand nous revenions de visiter notre maman. Charlotte ne nous a jamais accompagnées. Notre maman était avertie de notre arrivée. Est-ce que je peux dire qu'elle nous attendait ? Elle savait que nous allions venir. Eugénie nous laissait au bout de la rue.

La petite maison de notre grand-père cordonnier s'étirait, timide, avec l'appentis de son atelier-magasin qui le jouxtait, fenêtres et volets bruns défraîchis, entre des maisons en grosses pierres solides, à étages et balcons, courettes, grilles et portes peintes en vert et bleu. Nous n'embrassions pas maman, quand nous arrivions et repartions de chez elle, de crainte de provoquer une crise. Une statue de la Vierge nous accueillait dans une niche derrière une petite grille au-dessus de la porte et je crois que je l'ai suppliée, à chaque visite, de provoquer un miracle qui n'est pas venu. Nous saluions :

— Bonjour, maman !

— Bonjour, les filles !

Il nous semblait qu'elle était contente.

Elle n'était pas idiote. Nous lisions dans ses yeux bleus qu'elle savait qui nous étions. Le sol de la cuisine était recouvert d'un linoléum marron, imitation parquet, les murs peints en jaune, jaune citron, jaune cuisine. Nous nous asseyions à la table en formica et pieds métalliques comme les chaises. Je demandais toujours à faire pipi quand nous étions chez elle. Je poussais la porte de la chambre meublée d'une grande armoire à glace, en noyer. Je m'inclinais devant le miroir, à droite, à gauche, je grimaçais. Ce n'était pas vraiment moi que je cherchais, mais l'autre, celui qui se cachait derrière moi et qui s'était couché avec maman dans le lit à édredon rouge.

Tout était prêt pour nous, l'employée de l'Assistance avait fait le nécessaire pour que la rencontre se passe bien. Notre mère posait sur la table l'assiette des madeleines. Quand nous avons grandi, nous l'avons aidée à apporter les verres, l'orangeade, nous avons surveillé le lait sur le gaz et je l'ai versé dans nos bols sur notre Nesquik. Elle ne nous disait presque rien. Je l'ai interrogée.

— Tu travailles ?

Elle tordait la bouche, ses lèvres frémissaient, elle hésitait.

— N... ouui...

— Où ?

Je l'embarrassais avec mes questions. Elle balayait l'air avec sa main.

— Par là...

Nous nous interrogions des yeux. Travaillait-elle vraiment ? En était-elle capable ? Une année, nous l'avons trouvée ses longs cheveux châtains coupés.

— Tu as fait couper tes cheveux, maman ?

— Oui.

— Pourquoi ?

— Je ne sais pas.

— Ça te va bien. Il y a longtemps ?

Elle a haussé les épaules.

A chaque fois, nous recevions notre petit cadeau. J'imagine que l'initiative ne venait pas d'elle. Mais elle nous le remettait toujours avec cérémonie, à tour de rôle, comme un trésor. J'avais envie de l'embrasser pour la remercier. Pendant plusieurs années, j'ai reçu un agenda de l'année suivante, avec fermoir métallique doré et mince crayon dans la glissière de skaï. Il y a eu aussi les modestes flacons de parfum, ou plutôt d'eau de Cologne, aux bords biseautés. Nous dévissions les bouchons de plastique noir qui sentaient la violette ou la rose à bon marché. Nos flacons duraient toute l'année sur la tablette de la salle de bains aux Marguerites. Nous nous en mettions une goutte derrière l'oreille. Le flacon de Thérèse a glissé de la tablette, un dimanche, et s'est vidé dans le lavabo. Elle a pleuré. Nous avons pleuré avec elle, Monique et moi, nous ne savions pas pourquoi. Nous y voyions comme un mauvais signe.

Au bout d'une heure, elle commençait à pousser des petits cris. Nous aidions à débarrasser la table. Nous sentions la tension monter. Je faisais vite la vaisselle dans l'évier, mes sœurs essuyaient. Nous craignions la crise. L'employée de l'Assistance arrivait.

— Ça s'est bien passé ?

Comme nous, maman se taisait alors. Nous disions au revoir et merci, parce que nous étions bien élevées. Le plus douloureux était ce départ. Notre maman semblait soulagée de nous voir partir. Elle nous répétait :

— Au revoir, au revoir.

Elle n'avait pas un geste. Elle avait peut-être raison, c'était une manière de se protéger. Elle accompagnait l'assistante jusqu'à la porte pour nous voir dégringoler la rue. Nous nous sauvions. Eugénie nous attendait dans la voiture.

Nous claquions les portières. Un jour, j'ai demandé à Charlotte si mademoiselle Eugénie l'accompagnait chez notre mère. Elle m'a répondu que non.

— Tu n'es pas allée la voir ?

— Mamoune m'a dit qu'elle était trop malade.

— Tu n'en as pas eu envie ?

Charlotte a haussé les épaules.

Bien sûr, il nous arrivait de faire les folles sur la route de l'école, matin et soir, de courir, de crier. J'ai continué, même grandette, d'escalader les grands chênes de la montée vers Noiron. Je laissais mon cartable au pied. Les filles me faisaient la courte échelle, j'attrapais la première branche. J'approchais prudemment les nids, de pies, de merles, de pigeons, pas pour les détruire, surprendre la mère ou le père sur les œufs et, la fois suivante, découvrir les petits tout nus, yeux exorbités, aveugles, becs béants au moindre bruit pour le ver ou l'insecte qui leur arrivait peut-être.

— Qu'est-ce que tu fais ? Descends ! se plaignaient les filles en bas.

Les garçons de l'Aumône nous sifflaient au passage, nous plaisantions avec eux, ils nous accompagnaient parfois à bicyclette, je m'asseyais sur leur porte-bagages. J'avais remarqué depuis quelque temps le manège de Norbert, le domestique des Debien, il nous guettait derrière la haie de leur verger plein de pommiers, de poiriers et de cerisiers, se cachait quand nous approchions. J'avais alerté mes sœurs :

— Il est toujours là. Qu'est-ce qu'il fait ?

Nous accélérions le pas. Il était marié, un enfant, son creux de maison était plus loin au milieu du hameau. Il nous attendait, ce soir de juin, au portillon sous le grand pommier, il ne « la » cachait plus, il l'avait sortie de son bleu, grosse, tendue, il nous regardait sans rien dire avec la grimace d'un sourire laid. Les comédies de Bournezeau et Hermenault m'avaient initiée. J'ai poussé Thérèse et Monique.

— Sauvez-vous !

Elles ont couru. Les yeux jaunes de Norbert, figé comme un piquet, me fixaient. Viviane Debien est sortie de sa maison en entendant nos cris. J'ai hurlé.

— Norbert !

Ce ne devait pas être la première fois que Norbert… Elle a empoigné son bâton pour les vaches contre le mur de la porte.

— Norbert ! Malappris ! Qu'est-ce que tu fais ? Attends ! Tu vas voir !

Elle a foncé vers le portillon.

J'ai couru derrière les filles, affolées, qui ont détalé jusqu'à l'allée des Marguerites sans s'arrêter. Je les ai rattrapées, nous avons jeté nos cartables dans les hautes herbes sèches du bas-côté. Monique tremblait. Thérèse ouvrait des yeux effarés. J'ai essayé de les calmer. Je leur ai dit que c'était comme ça, un homme, et que dans ces moments-là, ça pouvait être dangereux.

— Mais c'est énorme ! a dit Thérèse.

Elles se sont mises à pleurer.

Nous sommes rentrées au château encore choquées. Mémé Georgette nous a interrogées dans le vestibule. Mademoiselle Eugénie est venue. Les filles m'ont laissée raconter. La main d'Eugénie est partie. J'ai pris la paire de claques, aller et retour.

— Voilà ! Ça vous apprendra à traîner sur la route !

Bien sûr, nous étions coupables. J'étais coupable. Nous l'avions cherché. Notre comportement, nos manières, nos rires d'idiotes. Je n'ai pas bronché.

J'ai frotté mes joues de la main. Parfois la claque m'écorchait, la bague de Mademoiselle frappait sur la pommette.

16

Le ciel de l'après-midi était encore de cendre

L'exhibitionnisme de Norbert nous a malgré tout été utile. A la rentrée de septembre 68, nous avons pédalé à vélo toutes les trois. Eugénie continuait d'accompagner Charlotte en voiture. Mon vélo était un Mercier jaune et vert. Je ne le méritais pas. Je redoublais ma troisième. Les entretiens avec madame Lagrandeur n'avaient pas provoqué le sursaut espéré et j'étais virée du collège parce que j'avais été une des meneuses du sit-in sur la cour à la sonnerie et, surtout, parce que j'avais ensuite séché les cours et rejoint les manifestants lycéens de mai qui défilaient dans la rue. Nous étions cinq troisièmes, virées. Mais les autres filles entraient au lycée. Moi, on m'expédiait dans un autre collège où on acceptait mon redoublement sous condition.

Mais cette nouvelle année scolaire a très mal commencé.

Nous n'étions rentrées que depuis trois ou quatre jours. Charlotte avait rapporté ses nouveaux livres et ses cahiers. Mademoiselle déroulait le plastique transparent sur la table de la salle des exercices et manipulait les ciseaux pour les couvrir. Charlotte, menue, longue et fine comme un bambou, la queue de cheval blonde, entrait en cours élémentaire. J'ai voulu l'aider à mettre ses protège-cahiers et ouvert le cahier.

— Qu'est-ce que tu as écrit ?

Le cœur m'avait déjà sauté dans la gorge.

— Mon nom.

Elle lisait dès la fin de la maternelle. Elle écrivait bien, en lettres attachées, rondes et régulières.

— Ce n'est pas ton nom !

Elle a froncé ses sourcils soyeux, presque blancs.

— Si, c'est mon nom.

Elle avait écrit « Charlotte Martin ». J'ai murmuré, étranglée :

— Tu t'appelles Cardineau. Tu ne t'appelles pas Martin !

— Si, la maîtresse me l'a dit. Je m'appelle Martin maintenant.

Mon cœur accélérait. Charlotte s'est retournée vers Mademoiselle qui continuait de plier le plastique et de le fixer avec du scotch, en silence.

— Tu es notre sœur, Charlotte Cardineau !

La voix de Charlotte a tremblé :

— La maîtresse a dit...

— La maîtresse a raison, est intervenue calmement mademoiselle Eugénie en levant les yeux de son ouvrage et en me regardant sans ciller, le nom de Charlotte est maintenant Martin.

— Mais comment ? Ce n'est pas possible !

J'ai lâché le cahier, me suis reculée, heurtée au mur. Le rideau de la salle des exercices était ouvert. La lumière de l'après-midi de début septembre était vive. J'ai serré nerveusement le rideau dans mon dos. J'ai pensé : J'en étais sûre, je savais que ça arriverait.

Mademoiselle a dit :

— J'ai adopté Charlotte. C'est officiel maintenant. Nous avons les papiers.

Charlotte me regardait, hésitait à sourire. Le col déboutonné de sa blouse était bleu, couleur de ses yeux, Eugénie était attentive à ce genre de détails. J'ai pensé : Tu n'es pas ma sœur, petite chouchou, tu n'es plus ma sœur. J'ai demandé :

— Et nous ?

— Rien ne change pour vous. Vous êtes toujours les filles Cardineau.

Mademoiselle Eugénie a ajouté :

— Je ne pouvais pas vous adopter toutes les quatre. D'ailleurs, vous ne l'auriez pas voulu. J'ai pris la dernière.

Elle continuait de me fixer. Elle avait les ciseaux dans la main. Elle a hésité et dit :

— Je n'ai pas le cœur assez grand...

Et puis :

— Laisse ce rideau tranquille !

J'ai décollé mon dos du mur. Thérèse et Monique étaient sorties « lever » les œufs dans le poulailler avec la tante Louise. J'ai marché vers le vestibule.

— Je vais le dire à mes sœurs.

— Oui, c'est bien.

Mais je ne leur ai rien dit, ce soir-là. J'étais sûre que mademoiselle Eugénie avait le droit pour elle. Qu'est-ce qu'on pouvait ? Qu'est-ce que je pouvais ? Je me suis assise à la table du dîner muette comme une coupable. Mes sœurs m'ont demandé :

— Qu'est-ce que tu as ?

J'ai attendu qu'elles soient couchées. Elles se sont endormies très vite. Je me suis levée. Il y avait encore de la lumière, là-haut, dans le couloir. Je suis sortie. J'ai pris ma bicyclette dans le garage.

Il avait plu un peu à la tombée du jour. Le vent avait chassé les nuages. La nuit sans lune était constellée d'étoiles. La sécheresse de l'été avait jauni les feuilles des peupliers et des acacias. Leurs feuilles s'amoncelaient dans l'herbe des accotements. Le rond de lumière de ma bicyclette dansait sur elles.

J'ai pédalé jusqu'à Saint-André. Les taches claires sur le bitume à l'abri des arbres alternaient avec le sombre sur le découvert. Il n'y avait plus de circulation sur la route à cette heure-là. Une voiture est arrivée quand même derrière moi. Des frissons m'ont parcourue lorsque ses phares se sont approchés. J'ai continué après le bourg, descendu la côte vers la ville. Les lampadaires du boulevard éclairaient les platanes. Depuis longtemps j'avais retenu la route, je m'étais imaginée sur le chemin pour aller retrouver ma mère à La Roche, il fallait traverser la rivière, remonter vers le centre-ville, la caserne et le quartier d'Ecquebouille.

Je suis descendue de bicyclette pour m'approcher à pied. Il n'y avait plus de lampadaire. Mon phare qui s'allumait et s'éteignait au rythme de mes pas éclairait de son faisceau vacillant les pierres rouillées des maisons, les portes, les volets clos, les grilles des cours silencieuses. J'ai appuyé mon vélo contre le mur de la maison de maman. Mon cœur avait recommencé à s'affoler à mesure que j'avançais. Comment maman allait-elle me recevoir, si elle était là ? Je pouvais encore faire demi-tour. Je remettrais mon vélo dans le garage, personne ne s'apercevrait de rien. Mais j'avais dans les yeux la première page du cahier de Charlotte et son nom qui n'était pas le nôtre.

J'ai frappé d'un doigt, discrètement, d'abord, à la porte, la sonnette ne fonctionnait plus depuis longtemps. Et puis plus fort. J'ai entendu, au loin, aboyer un chien. Il n'y avait pas de lumières dans les maisons des voisins. J'ai insisté, en appelant tout bas :

— Maman ! Maman !

J'ai sursauté. Quelque chose se plaquait contre ma cheville, une fourrure chaude, un chat qui ronronnait. Maman était une femme à chats. Elle aimait les chats. On l'avait forcée à s'en débarrasser depuis qu'elle allait moins bien et que ses séjours à l'hôpital se répétaient. Les voisins se plaignaient. Les chats se multipliaient. Je me suis rappelé la gamelle du chat dans la cour, derrière, la clé dissimulée sous la brique, à côté.

Le portillon près de la cordonnerie du grand-père n'était pas verrouillé. Je me suis glissée dans la cour, la clé était sous la brique. Destinée à qui ? Aux amis de maman ou aux dames de l'Assistance qui pouvaient passer par-derrière. Elle avait été oubliée. Une grosse clé de serrure à l'ancienne. J'ai appelé encore :

— Maman…

Le pêne a claqué en tournant. J'ai repris mon souffle avant d'ouvrir la porte qui a gémi sur ses gonds. Le chat est entré avant moi. J'ai senti l'odeur de renfermé. J'ai pensé : Elle n'est pas là. J'ai dit quand même :

— Maman, c'est moi, Jeanne.

Il n'y avait pas un bruit, sauf les frôlements du chat qui s'éloignait et revenait vers moi. La nuit étoilée dehors éclairait le noir par la porte entrouverte. J'ai tâtonné le long du mur et trouvé le vieux bouton électrique à l'ancienne. La lumière ne s'est pas allumée. J'ai appelé plus fort :

— Maman Michèle !

C'est sûr, elle n'était pas là.

J'ai traversé la cuisine vers le compteur électrique et heurté une chaise que j'ai renversée, remonté le levier, la lumière s'est allumée. Je suis allée dans la chambre, le lit était fait, il n'y avait personne.

Je suis ressortie, j'ai rentré ma bicyclette dans la cour, refermé le portillon derrière moi. Le chat était un chat jaune et blanc en assez mauvais état, maigre, le poil triste, une oreille déchirée. Il a sauté sur la table en formica. Je l'ai caressé.

— Est-ce que tu es un chat de maman ?

Il a ronronné. L'eau n'avait pas été coupée. J'avais soif. J'ai bu. J'ai ouvert le réfrigérateur. Il était vide, sauf un pot de confiture et un tube de moutarde. Depuis combien de temps maman était-elle absente ? J'ai pensé à elle dans l'hospice avec les soignants en blouses blanches et les simples d'esprit comme elle. Dans ma petite tête, j'avais imaginé retrouver maman et organiser la lutte avec elle et mes sœurs. Mademoiselle avait raison. Elle sauvait Charlotte. Elle laissait se débrouiller les grandes.

J'ai trouvé notre boîte de Nesquik dans le placard. J'ai mis l'eau à chauffer sur le gaz, préparé deux bols, un pour le chat, l'autre pour moi. Nous avons lapé ensemble. Il n'avait plus que des moustaches écourtées. J'ai pensé qu'il me fallait repartir. Je n'ai pas voulu aller frapper en ville chez marraine Jacqueline et Pierre, j'avais encore en travers du cœur la rancune de la conversation sur les « brouillons ». J'étais fatiguée. Je me suis allongée dans le lit de ma mère, sous l'édredon rouge. Le chat a sauté sur le lit, près de moi, il a ronronné.

Quand je me suis réveillée, la lumière du jour filtrait dans les raies des persiennes. J'ai ouvert la fenêtre, poussé en tuile les volets. Les bruits de la ville sont entrés, les ronflements des moteurs dans la côte. Nous sommes retournés, le chat et moi, dans la cuisine. Je n'ai pas mis l'eau à chauffer. Nous avons bu notre Nesquik froid. J'ai fait pipi dans l'évier, ouvert la porte de la cordonnerie du grand-père. Tout était en place comme il l'avait laissé quand il était parti. « Cette cordonnerie est devenue un musée », disait l'oncle Marcel. Nous y allions en pèlerinage, à chaque visite à notre maman.

— Qu'est-ce que vous allez faire de tout ça ? avait demandé l'employée de l'Assistance. Il faudrait le donner à quelqu'un, s'en débarrasser !

— Non !

— Mais vous ne vous en rendez pas compte, les filles, il faudrait l'entretenir, c'est un nid à vermine et à microbes, à côté de la maison de votre mère. C'est plein de souris et de rats !

— Eh bien, mettez de la mort-aux-rats !

J'ai décroché, au clou derrière la porte, le tablier de cuir de mon grand-père qui a dégagé un nuage de poussière. J'ai toussoté, essuyé de la main le bois du tabouret à vis où je me suis assise devant l'établi.

L'oncle Marcel avait dit que sa mère avait mis partout dans sa maison et l'atelier des pots de basilic censés éliminer les odeurs malsaines des cuirs, des graisses et de la poix, et que ça ne les avait pas empêchés d'être malades. Je ne connaissais rien du métier de cordonnier, mais j'avais accompagné plusieurs fois Eugénie chez celui de Saint-André et l'avais interrogé sur mon grand-père dont il fréquentait l'atelier. Il m'a appris que l'unité de référence du cordonnier était « le pied » qui correspondait à la pointure de Charlemagne. J'ai choisi le morceau de cuir le plus souple parmi les dépouilles sous l'établi. Le tiroir du grand-père était plein de bobines de fil, de boîtes de cirage « Lion Noir » et « Jean qui rit ». J'ai creusé des trous dans le chevreau avec l'alêne, enfilé le fil dans les trous, ça faisait un « J », j'ai continué et formé un « C ». J'écrivais mes initiales, « J. C. » comme Jésus-Christ ! J'ai découpé le cuir en carré avec les ciseaux rouillés et réussi le médaillon d'un collier. A l'adolescence, j'ai choisi de devenir couturière par imitation de Mademoiselle mais j'étais aussi l'héritière des bouifs qui « ensoyaient » le fil en l'enroulant autour d'une soie de sanglier plus flexible qu'une aiguille d'acier.

J'ai monté sur l'escabeau et joint les formes de pied en bois en désordre sur l'étagère. A treize ans, mes pieds avaient déjà atteint leur taille adulte. Ils m'ont toujours fait souffrir. J'envie les femmes dressées sur d'étroits souliers à talons aiguilles. Mes encombrants orteils ont besoin de largeur, de longueur. Je suis bien dans des tongs, des pantoufles, ou nu-pieds. Je montais aux arbres nu-pieds. Je courais sur les dalles des Marguerites nu-pieds.

— Jeanne, où sont tes souliers ? Combien de fois faudra-t-il te dire de ne pas circuler pieds nus !

J'ai trouvé les formes à ma taille. J'ai cherché celles de Thérèse, de Monique, de Charlotte. Je nous ai alignées sur l'établi en ordre de taille, de la petite à la plus grande. Le bois des formes était gris et lisse comme des vieux sabots. J'ai pensé que j'allais emporter ces formes. Je les ai fourrées dans un cabas suspendu au clou derrière la porte.

J'ai eu faim. Le chat aussi, qui me miaulait autour.

Le placard était garni de demi-boîtes, de petits pois, de céleri, de macédoine. Maman devait se nourrir de ça. Nous avons partagé une boîte de sardines, le chat et moi. Il y avait un paquet de biscottes.

J'avais sans cesse la tête aux Marguerites, je pensais : Ils doivent me chercher là-bas, ils ont constaté la disparition de ma bicyclette, ils interrogent mes sœurs, mademoiselle Eugénie a peut-être prévenu les gendarmes. Et puis je pensais : Ils s'en foutent, la pouffiasse a fugué, bon débarras, quand elle sera fatiguée, elle reviendra, et si elle ne revient pas, bien fait pour elle, elle était comme sa mère, on avait pourtant tout fait pour la sortir de là ! Ça se bousculait dans ma tête, je pensais à Monmon qui m'appelait avec Jacqueline : Jeanne, où es-tu ? Jeanne, réponds-moi ! On ne t'en voudra pas, je te le promets ! Je me demandais s'ils imagineraient mon voyage chez maman. Mémé Georgette m'avait interrogée, alors que nous épluchions des patates :

— Est-ce que tu penses à ta mère ?

— J'y pense tous les jours.

Le chat a miaulé devant la porte en me demandant de sortir. J'ai ouvert et il est parti vivre sa vie.

Le ciel était couvert. Quelques gouttes de pluie piquetaient le ciment du trottoir de la cour. Un vieux sécateur rouillé était abandonné sur le banc. Je suis retournée dans la chambre de maman et j'ai rouvert le tiroir de la table de nuit. J'avais déjà remarqué la petite boîte en carton.

La plaquette de pilules blanches était à peine entamée. Sur la feuille qui l'accompagnait, j'ai lu neuroleptique, antidépresseur, alcaloïde, une succession de noms précédait la liste des effets indésirables et des contre-indications, et la mention en rouge « Ne pas dépasser la dose prescrite ». Je me suis allongée sur l'édredon. J'ai fait sauter de l'ongle la pellicule de papier argenté au dos de la plaquette. Ma petite maman n'en avait consommé que quatre. Elle m'en avait laissé huit que j'ai toutes enfournées d'un coup. C'était trop. J'ai cru que je n'arriverais pas à les avaler. J'avais besoin d'eau.

Et soudain ce fut comme si la chambre se vidait de son contenu, l'édredon rouge avait disparu, le bois de cerisier du pied du lit, la chaise, la photo de nos grands-parents en mariés encadrée sur le mur. Une chaleur agréable détendait mes bras, mes jambes, me montait du ventre, m'envahissait la poitrine, la gorge, le cerveau. Il me semblait avoir les yeux ouverts. Je l'ai appelée :

— Maman Michèle !

Tout était devenu d'une blancheur ouatée. Je nageais dans le blanc, légère comme un mimi de peuplier. Comme dans un rêve.

J'étais bien. Je ne souffrais plus.

Un bourdonnement de voix m'a surprise, lointaines comme des appels diffus de haut-parleur. J'ai ouvert les yeux, aperçu des silhouettes mouvantes. Je ne savais plus où j'étais. J'ai refermé les paupières.

Les voix insistaient. J'ai regardé. Des visages s'approchaient de moi. J'ai eu peur. J'ai essayé de me redresser, ai distingué des vêtements bleus, des uniformes. J'ai crié.

Il y avait un homme, plus près, en costume et cravate, il me souriait.

— N'aie pas peur. Tu reviens de loin.

Il tenait devant moi une cuvette. Il m'a fait boire. J'ai vomi.

— C'est bien.

Pour la première fois, j'ai entendu « T. S. », sans comprendre. T.S., tentative de suicide. J'avais juste treize ans. Les voisins avaient remarqué mon vélo dans la cour et les persiennes de la chambre entrouvertes. Ils savaient maman hospitalisée. Ils avaient appelé l'hôpital. L'hôpital avait téléphoné aux gendarmes. Peut-être m'ont-ils sauvée. J'ai voulu me lever.

— Doucement.

J'ai encore vomi. Le jeune médecin en costume avait un beau sourire généreux. Il me tenait le front au-dessus de la cuvette et n'avait pas l'air dégoûté.

— Tu reviens vite. Tu as pris combien de cachets ?

— Ceux qui restaient, huit je crois.

— C'est beaucoup. On va peut-être t'hospitaliser.

— Non, je ne veux pas !

Il a souri, m'a essuyé la bouche. Il avait de jolis yeux noisette.

— Vous riez de la pouffiasse.

— Non, je ne me moque pas. Pourquoi tu dis ça ? Tu n'es pas une pouffiasse. Ça va aller.

Mademoiselle Eugénie est arrivée. Elle m'a regardée. Ses yeux étaient noirs jumeaux. Le médecin lui a murmuré :

— Ne lui dites rien.

Il a dit qu'il allait nous accompagner aux Marguerites. Mademoiselle m'a prise par le bras. Nous sommes sorties. J'ai demandé :

— Mon vélo...

— Monmon viendra le chercher, ne t'inquiète pas.

J'ai aimé qu'elle dise « ne t'inquiète pas ». J'ai eu la tentation d'appuyer ma tête contre son épaule. J'ai eu envie de pleurer. J'ai senti me gratter dans la poche de mon chemisier le petit médaillon de cuir fabriqué à mes initiales. Le ciel de l'après-midi était encore de cendre, mais il ne se décidait pas vraiment à pleuvoir. Mon chat allongé au sommet du mur de jardin nous a regardées partir.

Charlotte est, peut-être, la fille de Travers, psychiatre à l'hôpital. Monique a été mise sur la piste pendant son stage d'infirmière avant de fuir en Amérique.

— Il a soigné ta mère qui était une belle femme ? Alors il s'est servi, tu peux croire !

La réputation de coureur de jupons du médecin n'était plus à faire. Il avait séduit d'autres femmes dans l'hôpital, patientes et soignantes que ses petites blagues amusaient. Il n'était pas particulièrement beau. Il était marié, père de famille. Il avait même eu des problèmes graves à cause d'histoires de femmes et il avait dû payer.

J'ai mené l'enquête, interrogé les voisins de maman, qui n'ont pas été bavards, rapproché les dates. Le temps avait passé. Ils ont reconnu vaguement qu'ils avaient vu le docteur Travers dans le quartier. Sa Citroën stationnait sur la place. Quelquefois elle restait longtemps. C'était à l'époque où notre petite maman s'est trouvée enceinte.

Je me suis plantée à l'hôpital pour apercevoir le Don Juan. Les médecins ont leur place attitrée avec leur nom sur le parking. J'ai vu arriver une Citroën, en effet, un homme plutôt petit et bedonnant en descendre, les cheveux poivre et sel, les pieds nus dans des mocassins de cuir retourné. C'était lui, le géniteur ? Je l'ai trouvé laid. Qu'est-ce qu'il avait pour plaire aux femmes ? Il était chef de service, c'est vrai. C'était l'été, il marchait d'un pas décidé, le ventre en avant dans un pantalon de toile mastic.

Nos regards se sont croisés quand il a longé ma voiture. Il m'a sentie l'épier. Je ne lui reconnaissais rien de notre Loulotte. Les filles de l'hôpital avaient soufflé à Monique qu'il avait certainement semé dans d'autres sillons. Ses traits étaient réguliers, sa bouche bien dessinée, comme celle de notre petite sœur. Mais Charlotte ressemblait à notre petite maman. Il avait maintenant la cinquantaine bien entamée, des joues molles en poire qui retombaient. Quand il a dépassé la voiture, il s'est retourné et je me suis tassée sur le siège. J'avais chaud, j'avais laissé les vitres montées.

Son regard ! C'était celui de Charlotte. Je ne sais plus quelle était la couleur de ses yeux. Charlotte avait les yeux bleus de maman. Mais cette assurance, cette fermeté qui durcissait parfois jusqu'à être brutal le regard de notre sœur, je les retrouvais en ce moment dans les yeux de cet homme. J'aurais aimé baisser ma vitre et lui crier : Je suis une fille Cardineau !

J'ai essuyé mon front transpirant et j'ai démarré en répétant :

— Charlotte Cardineau, Charlotte Travers, Charlotte Martin…

J'ai repensé au docteur Labrousse qui avait apporté la layette de Charlotte aux Marguerites, rien à voir avec celle de l'Assistance, un collègue du médecin Travers, peut-être un ami. En 1960-61, La Roche était un village. Comme à Saint-André, tout se savait. Probablement, tout le monde savait. Monique et Thérèse ont été d'accord : mademoiselle Eugénie était informée. Elle avait choisi Charlotte, une fille de médecin. Le docteur Labrousse et ses paquets de layette étaient complices. Rien à voir avec des filles de rencontre et de hasard comme nous. J'ai alors interrogé Jacqueline.

— Tu as su que Charlotte pouvait être la fille du psychiatre Travers ?

Elle a haussé les épaules.

— Des bruits ont couru. Aujourd'hui, avec les tests ADN, ce serait facile de vérifier.

17

Elle avait rapporté d'un voyage en Palestine un keffieh à damier bleu et blanc qu'elle m'avait offert

Je ne sais plus si c'est au gendarme ou au médecin que j'ai demandé de prévenir aussi Jacqueline. J'étais sûre qu'elle ferait l'impossible. Elle l'a fait. Elle avait classe pourtant. Elle a demandé à une collègue de s'occuper de ses élèves, elle est arrivée aux Marguerites avant Eugénie et moi, et la voiture du jeune médecin. Elle m'a dit qu'elle avait trouvé le château en panique. Eugénie n'avait pas téléphoné pour donner des nouvelles. Ils savaient, après l'appel des gendarmes, que j'avais été découverte inanimée dans le lit de ma maman. Elle les a rassurés. Ma vie ne semblait pas en danger. Ils allaient me ramener aux Marguerites. Mais il y a eu pour elle, comme pour moi, un avant et un après ma fugue rue d'Ecquebouille. Je me suis excusée. Elle m'a dit que ce n'était pas ma faute, c'était entre Eugénie et elle.

Ils attendaient assis sur la banquette de velours rouge dans le vestibule. Monmon, qui ne tenait pas en place, guettait par la porte ouverte.

— Qu'est-ce qu'ils fabriquent ? Pauvre Jeannette, c'est une écorchée vive. Ses sœurs ne se sont aperçues qu'elle n'était plus là que ce matin.

— On l'a cherchée partout toute la journée. Viens t'asseoir, répétait Georgette à Monmon, tu es fatigué.

C'était au milieu de l'après-midi. Mes sœurs étaient quand même allées à l'école. Les premiers mots d'Eugénie en descendant de sa voiture ont été pour Jacqueline.

— Qu'est-ce que tu fais là, Jacqueline ? Qui est-ce qui t'a prévenue ?

Elle n'a pas eu le temps de répondre, Eugénie a ajouté :

— Toute la commune, alors, va le savoir !

Comme si Jacqueline allait clabauder ce qui se passait aux Marguerites dans toute la ville ! Elle a été blessée. Mais ce qui lui a fait le plus mal, c'est qu'Eugénie semblait se soucier davantage du qu'en-dira-t-on que de ma santé. Elle n'est pas sûre encore aujourd'hui qu'elle ait pris conscience de m'avoir meurtrie. Elle a répondu :

— Le docteur m'a appelée. Jeanne réclamait sa marraine.

Je tenais à peine debout. Je me suis appuyée sur elle d'un côté, le médecin de l'autre, pour traverser la cour et monter les marches. J'avais soif, très soif. Georgette est allée me chercher de l'eau. Elles m'ont accompagnée jusqu'à ma chambre.

— Pourquoi as-tu fait ça ? s'est lamentée Louise en nous suivant.

— Parce qu'elle était malheureuse, a répondu le cher Monmon.

Eugénie tirait les rideaux, ouvrait les fenêtres de la chambre. Le jeune médecin me souriait, rassurant.

— Ça va aller.

Et aux autres :

— Si je ne l'ai pas hospitalisée, c'est que ça va aller. Elle est résistante. On est intervenu avant qu'il y ait de gros dégâts. Elle est jeune. Il faut qu'elle boive beaucoup, de l'eau…

— De la tisane ?

— Si vous voulez.

Je me suis allongée. Il m'a pris le pouls, les a priés de sortir pour m'ausculter. Jacqueline m'a dit que le regard d'Eugénie la fuyait tandis qu'elles attendaient dans le couloir. Elle lui a demandé si elle voulait qu'elle aille chercher Charlotte à l'école.

— Si tu veux.

Le médecin a ouvert la porte. Il a dit qu'il fallait que je me repose.

— Pourquoi n'a-t-elle pas une chambre à elle ? Vous ne manquez pas de chambres dans le château.

— Elle ne veut pas, a répondu Eugénie, elle préfère rester avec ses sœurs.

Ils chuchotaient dans le couloir. Cet homme avait toujours du sourire dans la voix. Ils ont glissé la tête dans l'entrebâillement de la porte. Je crois bien que des larmes ont roulé dans mes yeux.

Jacqueline m'a dit que Charlotte est montée dans sa voiture devant le portail de l'école et qu'elle lui a tout de suite demandé, inquiète :

— Est-ce qu'on a trouvé Jeanne ?

Elle l'a rassurée et ma petite sœur lui a raconté la scène dans la salle des exercices quand Eugénie couvrait ses livres et ses cahiers. Ma fugue a fragilisé la position de Mademoiselle. Le médecin a transmis son rapport à la direction de l'Assistance publique. Les inspecteurs sont venus aux Marguerites. Mais mes sœurs n'ont rien dit quand elles ont été interrogées. Je leur avais passé le message.

— On ne dit rien. On ne se plaint de rien. Vous ne parlez pas de Charlotte.

Thérèse et Monique ont respecté la consigne. Je n'avais rien dit au médecin à ce sujet. A ses questions, j'avais répondu que j'étais venue retrouver ma mère et qu'elle n'était pas là. Je me suis rapprochée de Jacqueline. Je lui étais reconnaissante de sa présence aux Marguerites à mon arrivée avec le médecin. J'ai repris le chemin du collège après trois jours de repos. Pierre et elle habitaient alors un immeuble de la place de la préfecture. L'appartement était au-dessus de l'étude d'avoué de Pierre. Désormais, quand le temps le permettait, il m'arrivait de sauter le car, de pédaler jusqu'au collège et d'aller tirer la cloche à la porte de l'appartement, à côté de celle de l'étude. J'entendais les enfants,

Jean et Marie, dégringoler l'escalier et se quereller pour m'ouvrir. C'était souvent le vendredi. Nous prenions un rapide goûter ensemble. Il ne fallait pas qu'au château ils s'aperçoivent de mon manège et je devais arriver à Saint-André à peu près en même temps que le car y déchargeait sa livraison d'élèves. Thérèse allait aussi, maintenant, au collège. Docile, elle ne se permettait pas mes incartades.

— Tu es folle, me disait-elle, tu finiras par te faire pincer !

Mais elle m'attendait dans le bourg de Saint-André et nous rentrions ensemble à bicyclette aux Marguerites. Les petits me sautaient au cou en ouvrant la porte :

— Je viens, vite, vous faire une bise !

Jean avait onze ans, Marie neuf, moi quinze. Jacqueline avait déjà allumé le gaz sous la casserole de chocolat. Nous restions dans la cuisine. Je dévorais les gros casse-croûte BN que nous trempions dans nos bols, tartinés de beurre, de confiture ou de miel. Nous parlions beaucoup, riions aux éclats, emportée moi aussi parfois dans des fous rires de petite fille. Jacqueline me reprochait de manger mes mots et me demandait de répéter plus lentement. Je racontais tout, le collège, les Marguerites, mes sœurs, Monmon, les maths, mes copines, mes résultats souvent nuls. Ils m'écoutaient. Jacqueline m'envoyait dans la salle de bains rectifier la raie approximative de mes cheveux épais. Je regardais la pendule.

— Il faut que je me sauve !

Nous nous embrassions encore. Elle avait rapporté d'un voyage en Palestine un keffieh à damier bleu et blanc qu'elle m'avait offert. Je le portais maintenant autour du cou comme un grigri ou un symbole de résistance, chaleur ou froid. Ce keffieh me plaisait beaucoup. Je l'embrassais tournée vers eux sur les marches, en donnant le premier coup de pédale.

Jacqueline a rompu avec la tradition des dîners aux Marguerites après ma fugue. Elle me l'a dit, elle a prétexté l'angine de Jean. Mais jusqu'alors, angine ou pas, elle s'était toujours arrangée avec une garde d'enfant. Elle a inventé autre chose le mois d'après. Mademoiselle n'a pas insisté. J'ai dit à Jacqueline que je l'avais entendue répéter qu'elle ne comprenait pas pourquoi, tout d'un coup, elle ne venait plus. Elle a haussé les épaules. Longtemps après, à Jard donc, elle m'a raconté que Pierre lui avait demandé :

— Nous n'irons plus aux Marguerites ?

— On verra. Attends un peu. Je ne suis pas fâchée avec Eugénie. Mais elle exagère.

Et puis un vendredi, après mon départ, il remontait de l'étude, il avait dit :

— Jeanne est venue tout à l'heure ? J'ai pensé à une chose : quand les filles sont arrivées aux Marguerites, leur mère était enceinte, Eugénie devait le savoir.

— Et alors ?

— Alors Charlotte est venue au château l'année d'après et Eugénie l'a adoptée.

— Et alors ?

— Est-ce qu'elle n'avait pas tout prévu ?

Jacqueline a appelé les Marguerites quelques jours plus tard, en février, pour souhaiter sa fête à Eugénie. Elles n'avaient pas manqué une fois la fête de l'une et de l'autre depuis leur maternelle. L'amitié tient parfois à de petites choses. Ce n'est pas parce que leurs relations s'étaient refroidies qu'elle ferait l'impasse sur la Sainte-Eugénie. Elle a quand même attendu le soir. Il avait plu toute la journée, ce 7 février-là, mais comme cela arrive les jours de pluie, le soleil jetait ses feux crus avant de disparaître. Le téléphone était dans le couloir de l'appartement, une chaise à côté. Elle n'avait pas parlé avec les Marguerites depuis les fêtes de fin d'année. Elle soupçonnait qu'ils se doutaient de mes visites place de la Préfecture. Elle a eu au bout du fil Georgette qui a lancé un joyeux :

— Une revenante !

Elles ont parlé du temps, de Louise qui n'arrivait pas à se débarrasser de la mauvaise toux qu'elle traînait depuis novembre, Thérèse et Monique ont crié ensemble « Bonjour marraine ! », et Charlotte dans le combiné « Quand viendras-tu nous voir, nénène ? — Bientôt, ma chérie ! », Eugénie a enfin pris le téléphone. Les échanges avec Georgette et les filles avaient rompu la glace. Elles se sont parlé comme si elles s'étaient quittées la veille. La tête du grand cèdre du parc de la préfecture se dressait derrière la fenêtre au bout du couloir dans les rayons du couchant. Jacqueline a eu envie de resserrer avec son amie les liens qui s'étaient distendus et elle a osé lui demander :

— Lorsque tu as pris les trois sœurs, savais-tu qu'il pourrait y avoir un ou une quatrième ?

Elle a entendu l'hésitation d'Eugénie au bout du fil.

— Pourquoi me demandes-tu ça ?

— T'avait-on dit que leur mère était enceinte ?

— C'est possible.

— Tu as laissé entendre que tu pourrais prendre éventuellement l'enfant ?

— Où veux-tu en venir ?

— Tu l'as eue à la naissance ou presque. Tu l'as élevée et adoptée.

Eugénie a haussé aussitôt le ton.

— Tu insinues que j'ai accepté les trois premières pour prendre la quatrième ? Et si c'était vrai ? C'est mal ? Je n'avais pas le droit ? Tu me le reproches ?

Jacqueline a cru qu'elle allait raccrocher. Elle a répondu calmement :

— Je ne te reproche rien. Je pense aux trois grandes...

Et elle a parlé d'autre chose. Charlotte voulait faire du cheval. Eugénie connaissait un demi-poney à vendre. Elle a baissé la voix. Elles ont parlé chevaux. Mais quand elle a raccroché, Jacqueline s'est aperçue qu'elle était tremblante sur sa chaise. L'ombre l'emportait dehors. Le cèdre bleu devenait gris. Elle pensait : Elle l'a fait, elle avait calculé, ce n'était pas de la générosité.

18

Je me suis vue sous le tilleul de la cour du château avec ma valise

Lorsque j'ai découvert mon baigneur noir au cou de Charlotte, mon sang n'a fait qu'un tour. Je l'ai arraché à ma sœur. Mademoiselle me l'avait confisqué, il avait disparu et je le retrouvais dans les bras de la petite chouchou. J'ai frappé ma petite sœur avec le baigneur que j'ai jeté contre le carrelage où il s'est fracassé le crâne. Charlotte a hurlé.

La badine de Mademoiselle était en osier, on disait du « vime ». Les pieds de rameaux jaunes et souples, au bout de la vigne de Monmon, lui servaient à attacher les sarments.

— Jeanne, viens ici ! Donne-moi tes mains !

J'ai tendu les mains. J'ai toujours obéi, jusqu'au bout.

Bing ! sur les doigts. La badine cinglait, brûlait. Mes sœurs, à qui c'est arrivé aussi, pleuraient avant qu'elle commence. Quand la correction était plus grave, Mademoiselle choisissait le dos ou les cuisses. Je n'ai pas bronché. Bing ! Bing !

Elle me rappelait Hermenault, mais n'abusait pas. Elle ne laissait pas déborder sa colère pour nous infliger une correction juste. J'étais grande pourtant maintenant, plus grande que Mademoiselle. J'ai atteint ma taille adulte, un mètre soixante-dix, à quinze ans.

Bing ! Je crois que je ne lui en voulais pas vraiment. J'avais battu ma petite sœur, enfreint la règle, j'avais droit au retour de bâton.

Mes résultats en fin de redoublement de troisième ne m'ont pas permis d'envisager une seconde générale. J'ai donc choisi le CAP couture. Le lycée technique ne m'a pas déplu. Les filles parlaient des dimanches avec les garçons en manipulant les chiffons. Je n'étais pas maladroite. J'ai le sens du concret. Les apprentissages au château avec Georgette, Louise et Eugénie me servaient. Les cours d'enseignement ménager, cuisine, repassage, éducation sanitaire et sociale, étaient comme une récréation. Un jour que la tante Louise m'avait envoyée lever les œufs, le vieil Ernest a mis la main dans ma culotte. C'était un après-midi, dans le poulailler. Le bonhomme n'était pas si vieux que ça. La poliomyélite l'avait affligé d'un pied bot et sa démarche en faisait pour nous un vieillard.

Les poules des Marguerites jouissaient d'un confortable poulailler de pierre. Chacune avait sa case avec son lit de paille. Quand nous rentrions sous le toit, les crêtes rouges se dressaient, des gloussements agacés montaient des nids dont nous troublions la tranquillité. Une grande cour solidement grillagée contre les renards et les nuisibles permettait à la basse-cour de vaquer, mais nous ouvrions dans la journée et la volaille s'ébattait dans la pâture. Un grand houx avait poussé au milieu de cette cour, la tête de l'arbre crevait le grillage de protection, des poules se juchaient jusqu'au sommet de ce perchoir couvert de boules rouges comme un arbre de Noël en hiver.

J'avais rempli ma corbeille et mes poches des œufs encore chauds d'un feu jaune.

— Jeanne... m'a soufflé Ernest dans la figure.

Je ne l'avais pas vu venir. J'ai senti son haleine de putois et le suint d'étable de sa chemise.

Il avait fermé la porte du poulailler derrière lui. Le grand houx nous cachait de la maison et du jardin. J'ai remarqué la bosse de son pantalon. Je n'ai pas bougé, pas crié. J'avais l'idée que si on crie un homme peut tuer. Sa grosse main aux doigts épais et courts dans ma culotte de coton. Il touchait comme en exploration d'un territoire qu'il ne connaissait pas, alors qu'il avait Victorine. Il a dit :

— N'aie pas peur.

Sa peau rêche de paysan sur ma peau douce. Et c'est lui qui s'est mis à trembler.

Il a remonté plus haut, ne m'a pas embrassée, je crois que ça aurait été plus fort que moi, j'aurais hurlé. La sueur ruisselait sur ses pommettes, ses veinules violettes me dégoûtaient, les taches de vieux, ses petits yeux marron.

Je n'ai pas bougé, j'étais habituée à endurer. J'ai attendu. Je pensais, Si je montre ma peur, il va me mordre comme un chien. Il a cru que ça me plaisait. Il a demandé :

— Tu aimes ça ?

— Non !

Il y a eu la voix de la tante Louise qui appelait Georgette dans le château. Il s'est arrêté. Il a regardé derrière lui, et il a filé comme un voleur par la grille qu'il a laissée ouverte.

Alors j'ai claqué des dents. J'ai remonté ma culotte dans l'ombre du houx. Je sentais encore sa main dure sur mon entrejambe. La corbeille d'œufs que j'avais toujours sur le bras est tombée. Les œufs se sont écrasés par terre.

Georgette a constaté le désastre quand je suis rentrée dans la cuisine.

— Qu'est-ce que tu as ? Qu'est-ce qui t'est arrivé ?

J'avais ramassé les œufs pas cassés, maculés du jaune des cassés.

— J'ai marché sur une poule qui m'a fait tomber.

— Tu ne penses pas à ce que tu fais. Regarde où tu mets les pieds !

Elle a vu que j'étais choquée.

— Nettoie les œufs. Je ne le dirai pas.

Les poules s'étaient bousculées pour happer les cassés, blancs et jaunes, même les coquilles. Le lendemain, quand j'ai traversé la cour sous le tilleul,

Ernest a chaloupé vers moi. Il m'a planté dans la main le bouquet de bruyère qu'il venait de cueillir.

— Tiens !

Les talus du petit bois, à mi-côte, au bord du chemin blanc étaient violets de bruyère. Je n'ai pas dit merci. J'ai pensé : Si tu crois te faire pardonner comme ça, vieux putois, tu te trompes ! J'ai marché jusqu'au tas de fumier où j'ai balancé le bouquet.

Je suis vraiment partie pour aller à la messe, le dimanche de la fête du Préveil, quelques jours après. J'ai de nombreux défauts mais ne suis pas une menteuse. La voiture rouge du cirque Mariano avait remonté l'allée, la veille. Le haut-parleur sur le toit invitait aux représentations sous le chapiteau en matinée et en soirée sur la place de la mairie. Les cloches sonnaient quand nous sommes arrivées au bourg à bicyclette, Thérèse, Monique et moi. Je me suis arrêtée devant les stands des forains dans la rue du centre. Mes sœurs m'ont appelée :

— Tu viens, Jeanne !

J'ai rencontré les garçons de l'Aumône et de la Féneraie devant les nacelles, sur la place de l'église. Mes sœurs sont entrées à la messe. J'ai toujours adoré tourner dans les nacelles. Les gars balançaient leur nacelle et me rattrapaient en plein vol, ils entouraient leur chaîne autour de la mienne, nous tournions comme des toupies. Je criais.

Johnny chantait « Pour moi la vie va commencer » et « Les portes du pénitencier ». Sa musique devait couvrir les sermons du curé en chaire. Je n'ai pas suivi mes sœurs. J'avais seize ans. Je ne suis pas rentrée déjeuner aux Marguerites. Nous avons mangé des crêpes et des frites, applaudi les champions de la course cycliste, l'après-midi. François, des Ouches, me prenait les poignets et me faisait battre des mains plus fort. Sa pomme d'Adam se mouvait de bas en haut et de haut en bas, de façon très visible au-dessus de son nœud de cravate. Il fumait des Camel dont je respirais l'agréable odeur de miel. Je portais la robe de coton jaune que m'avait offerte Jacqueline pour mon anniversaire. Le rouge baiser du Prisunic tartinait mes lèvres. Nous avons fait la queue devant le chapiteau du cirque après l'arrivée des coureurs. Le dresseur de chevaux a annoncé que son cheval bai allait désigner la reine de la soirée. Le chapiteau était petit, la piste entourée de cinq rangées de gradins en bois. Le cheval brun aux jambes noires a regardé en tournant vers les gradins. Il a ralenti à notre hauteur. Le cavalier en culotte blanche et bottes rouges a annoncé :

— Attention, mon cheval a repéré une beauté !

Le cheval a hoché la tête.

— Où ? Là ?

Le cheval était arrêté en face de nous, ferme sur ses quatre pieds.

— Qui ? La jeune fille brune sur la deuxième rangée de gradins ?

Le cheval a fait oui plusieurs fois. Je n'imaginais pas que ça pouvait être moi.

— Allons, levez-vous, mademoiselle, c'est vous la reine du cirque Mariano, ce soir ! a dit le cavalier.

François me donnait des coups de coude.

— C'est toi ! Lève-toi !

Je me suis levée lentement.

— Comment vous appelez-vous ?

— Jeanne.

— Eh bien, mon cheval a bon goût, il vous a choisie. Approchez, ne soyez pas timide. Venez nous rejoindre sur la piste. Il m'a remis un cadeau pour vous.

Je me suis glissée parmi les spectateurs. L'homme a ouvert la porte de la balustrade autour de la piste. Il m'a mis sur le front une couronne de perles. Le cheval s'est incliné, a plié les jambes et s'est agenouillé devant moi. Il y a eu des cris. Les spectateurs applaudissaient, des familles de Saint-André, des enfants, des garçons, des filles que je connaissais, j'avais honte, j'étais rouge, contente, je riais jaune. J'ai voulu ôter la couronne et la rendre.

— Mais non, elle est à vous. On ne va pas enlever sa couronne à la reine !

C'était une couronne de pacotille, aux perles de verre brillantes. J'ai regagné ma place avec mon encombrante parure sur la tête. Puis nous sommes allés au bal. La couronne a circulé de tête en tête sur les camarades. Le menu fil de fer a cassé. Les perles ont roulé sur le parquet. J'ai goûté des Camel. La tête m'a tourné. François avait un goût de miel sur la langue. Quand j'ai rejoint les Marguerites à trois heures du matin les portes étaient verrouillées. J'ai frappé au volet des filles, tambouriné. Thérèse s'est levée m'ouvrir.

Je me doutais de ce qui m'attendait, le lendemain, mais m'en moquais. Eugénie a pris le scion d'osier sur la corniche du buffet de la cuisine, avant le départ au lycée.

— Tu ne vas pas nous gâcher la vie avec tes comédies ? Lève ta chemise ! Soulève ta chemise !

J'ai obéi. Vlan ! sur mon dos, vlan ! vlan !

— Je ne veux pas que tu donnes le mauvais exemple à tes sœurs !

Je serrais les dents, raide-bâton. J'aurais crié, je lui aurais fait plaisir.

Elle fouettait. Je chantonnais dans ma tête « Pour moi la vie va commencer ». J'inclinais le front, la chemise sur la nuque. Je pensais à François, au miel sur sa langue. Elle frappait fort. L'addition s'élevait, généralement, à cinq coups de vime. J'ai écopé d'un sixième pour faire bonne mesure.

Quand ç'a été fini, elle m'a dit, comme d'habitude :

— Tu peux rentrer ta chemise.

Mais le soir, après le lycée, j'ai fait une bêtise. J'aurais dû simplement aller m'expliquer chez Jacqueline. J'ai foncé comme une idiote à l'Assistance publique, à la caserne administrative Travot. La première cour de la caserne n'était plus affectée à l'armée. Les bâtiments de deux étages aux innombrables fenêtres entouraient la cour-parking. Je me suis perdue dans les couloirs et les escaliers. Je n'étais jamais venue toute seule. J'étais fatiguée par ma nuit agitée de la veille. Le soleil brillait encore haut et fort. Le Préveil de Saint-André a lieu le dernier dimanche de mai. Des hirondelles avaient collé leur nid sous l'avant-toit de la caserne, des plumes et des brindilles voletaient devant la fenêtre où j'attendais. Une femme au visage d'institutrice sévère est venue me chercher. J'ai croisé les jambes quand je me suis assise. Elle a froncé les sourcils. J'ai décroisé. Elle m'a dit qu'elle était l'assistante sociale. Elle avait du duvet blanc sur les joues. Elle m'a demandé mon nom, mon adresse, ce que je voulais.

— Je ne veux plus rester au château de mademoiselle Eugénie.

Elle a écrit dans le cahier à spirale sur son bureau devant elle. Elle a levé son regard gris.

— On ne s'occupe pas assez de toi ? Tu n'es pas bien aux Marguerites ? Tu veux quitter tes sœurs ?

J'ai pivoté sur ma chaise, relevé mon chemisier que la sueur me collait à la peau. Elle s'est penchée sur le bureau.

— Qu'est-ce que c'est que ça ?

Elle s'est levée. J'ai senti ses doigts froids sur mon dos. Elle portait des petits lorgnons cerclés de fer. Elle est retournée s'asseoir.

— Ça s'est passé comment ?

J'ai expliqué. J'ai ajouté, parce qu'elle continuait d'écrire sur le cahier après que j'avais fini de parler :

— Je ne veux plus rester là-bas.

Elle a enlevé ses lunettes, les a posées à côté du cahier et, croisant les bras :

— Ça t'ennuie de retourner aux Marguerites, ce soir ?

A ce moment-là, j'ai réalisé qu'elle avait le pouvoir de me retirer sur-le-champ de ce qui était ma vie. Je me suis vue sous le tilleul de la cour du château avec ma valise. J'ai senti qu'il allait me manquer quelqu'un, même méchant, même sévère, qui s'occuperait de moi. J'ai fait craquer mes doigts. Qu'est-ce que je faisais là ? Je me suis mise à transpirer. La femme parlait mais je n'écoutais plus ce qu'elle disait. Les hirondelles pépiaient contre l'avant-toit. Le cahier couvert de notes était ouvert sur le bureau. Je l'ai entendue dire :

— On ne peut pas décider du jour au lendemain. Tu es aux Marguerites depuis presque dix ans. Mais je te promets de m'en occuper.

J'ai respiré un peu. J'ai dit :

— C'est vrai qu'il était trois heures du matin, j'étais partie à la messe où je ne suis pas allée, je ne suis pas rentrée déjeuner ni dîner, et Mademoiselle ne savait pas où j'étais, je méritais une punition.

— Pas une correction.

— J'ai connu bien pire quand j'étais petite chez Hermenault.

— Ce n'est pas une raison.

J'avais tout à craindre désormais de ses prunelles grises qui me dévisageaient et semblaient décidées à faire mon bonheur. Je pressais mon mouchoir dans mes mains moites. Je me suis levée. Elle m'a accompagnée. J'ai cru me rattraper en disant avant de sortir :

— Vous avez raison. Je suis aux Marguerites avec mes sœurs depuis si longtemps. Je ne serai sans doute pas mieux ailleurs.

19

Il m'a demandé si je souhaitais des enfants

Je garde des souvenirs éblouis des quinze jours du camp des jeunes de Saint-André à Bouteville, cet été-là. Monmon m'a obtenu la permission. Je n'aurais jamais cru l'avoir.

— Pourquoi tu ne viens pas avec nous ? me demandait François.

Il y aurait les autres gars et filles du bourg, les Patrice, Daniel, Evelyne, Mireille, Pierre, Gérard, Mariette, Camille.

— Eugénie ne voudra pas.

Monmon a interrogé l'abbé un soir, à table.

— Est-ce que vous invitez Jeanne au camp, cette année ? Elle pourrait y aller. Elle a l'âge, maintenant.

L'abbé Robineau, le jeune vicaire de la paroisse, organisait le camp avec le couple des parents de Camille.

— Je ne sais pas si elle en a envie, a répondu prudemment le père Sarrazin.

— Les jeunes vont travailler à la restauration du château de Bouteville, je crois, a insisté Monmon, c'est un bon apprentissage, les jeunes ne seront pas à ne rien faire.

— J'aimerais bien, ai-je avancé, prudente aussi.

Eugénie a fait non, de la tête. Mais Georgette :

— Le changement d'air lui fera du bien pour ses angines.

Elle a souri.

— Et puis ça en fera une de moins au château pendant quinze jours, les vacances sont longues.

Monmon et Georgette avaient dû en parler ensemble. Je ne sais quel argument a convaincu. En tout cas j'ai pris le car avec François, Patrice, Mireille, l'abbé Robineau, Camille et ses parents. Le château de Bouteville dresse ses grands murs de pierre blanche au-dessus des vignes de cognac. Le père de François Ier a achevé sa construction, les conflits entre Richard Cœur de Lion et les comtes d'Angoulême l'ont ravagé, puis les guerres de Religion, avant qu'il soit aménagé en confortable palais Renaissance en partie abandonné depuis le XIXe siècle. Nous avons installé nos tentes dans la cour du château, une pour les filles, l'autre pour les garçons. La vue est magnifique sur le moutonnement des collines de la Grande Champagne charentaise. Nous avons travaillé à reconstruire le pont sur les douves aujourd'hui à sec. Il fait toujours chaud en été, en Charente, au milieu des vignes. Le calcaire à nu réverbère, la lumière brûle. La température dans les tentes ne descendait pas au-dessous de 25 °C la nuit. L'après-midi, le thermomètre affichait 40. Le maçon de Bouteville, Delhias, arrivait à sept heures du matin en compagnie de son épagneul noir et blanc pour nous mettre au travail « à la fraîche ». Il m'a semblé qu'un épagneul inconnu vous salue parfois avec plus d'effusions que la plupart des gens de votre entourage, il accourt vers vous en frétillant dans tous les sens, vous lèche les mains et les genoux. Pilou, le chien du maçon, était adorable comme son maître. Nous suions à déplacer les pierres et rouler les brouettes de ciment jusqu'à midi, déjeunions à la cantine de l'école. L'après-midi, j'enlevais mon lourd pantalon de jean, enfilais mon short de toile rayée jaune safran et bleu marine comme de la toile de chaise longue.

Nous roulions en peloton à bicyclette vers la vallée de la Charente, dix garçons, neuf filles. La route sinue entre les collines, monte vers les bois de chênes verts et de genévriers du plateau avant de redescendre vers le fleuve. Les pneus des vélos qu'on nous avait prêtés laissaient leurs empreintes sur le bitume fondu. Nous nous baignions avant le pont du « Petit Royan ». La Charente était transparente et toujours haute. Le courant roulait sur la chaussée de la pêcherie et écumait en contrebas. Le fleuve dessine une boucle sur la droite et le bassin est un disque lisse et immobile avant la chaussée. Les garçons avaient accroché une corde à une branche de saule du bord. Nous nous élancions, attrapions la corde qui nous balançait au-dessus de l'eau où nous sautions avec un grand splatch ! Je ne savais pas nager. Le lit du fleuve est profond. Un rocher affleure au milieu du bassin. Je sautais quand même. François, Patrice, Mireille prenaient garde à moi. Nous nous serrions sur le rocher pour nous faire bronzer. Le soir, il faisait trop chaud sous les tentes, nous nous installions sur les dalles de la grande salle fraîche du château. L'abbé nous accompagnait à la bougie avec sa guitare. Nous chantions. Nous étions tous pareils. Il n'y avait plus de fils ou de filles à papa. Nous vivions une parenthèse, j'aurais voulu que le temps s'arrête. Je n'étais plus l'étrangère, ni le brouillon des Marguerites. Nous veillions jusqu'après minuit. L'abbé disait : « Allez, on va se coucher. » Nous le priions, encore un peu, la musique. Nous sortions dans le noir. Le mois d'août est le mois des étoiles filantes. Nous nous allongions le nez au ciel sur le dallage déformé de la cour du château. Nous faisions des vœux.

Nous avons dansé, lorsque le car nous a déchargés avec nos bagages sur la place de l'église de Saint-André, nous faisions la ronde, tournions autour, nous n'arrivions pas à nous séparer.

La lettre de convocation de l'Assistance m'attendait au château. Un homme aux cheveux et au costume gris était assis derrière le bureau de la caserne administrative Travot où j'étais allée porter plainte. L'assistante sociale aussi était là. J'avais hésité à déchirer la lettre et à oublier le rendez-vous. Là encore j'ai été sotte, je n'ai pas soufflé un mot à Jacqueline. L'homme m'a saluée avec un petit sourire pincé. Mon dossier était ouvert devant lui.

— Vous avez demandé à quitter les Marguerites. Nous avons fait le nécessaire pour vous satisfaire, mademoiselle.

Je tombais des nues. J'étais encore à Bouteville avec mes amis. Je n'aimais pas que cet homme me vouvoie et m'appelle « mademoiselle ». Il avait des pommettes étroites et pointues comme si on l'avait pressé entre des tenailles. J'ai fait craquer mes articulations et demandé s'ils avaient informé mademoiselle Eugénie.

— Tout à l'heure, au téléphone. Elle a été surprise.

J'ai fait craquer mes doigts.

— J'ai changé d'avis. Je ne veux plus partir.

L'assistante sociale a rougi, et il a tourné les pages de mon dossier en lançant vers moi des coups d'œil irrités.

— Il faut savoir ce que vous voulez, mademoiselle ! Vous avez porté plainte pour sévices, il n'y a pas trois mois vous ne vouliez plus des Marguerites !

La femme a hoché la tête.

— J'étais en colère. Je veux rester avec mes sœurs.

— C'est trop tard ! Ce n'est plus possible. La procédure est engagée. On ne peut plus revenir en arrière.

Il prenait à témoin la femme aux bras croisés et il a jeté un regard agacé vers mes mains que je continuais de torturer. J'ai croisé, moi aussi, les bras. Il a baissé la voix en essayant un ton plus doux.

— La vie serait compliquée au château pour…, il a hésité, toi… maintenant que nous avons annoncé ton désir de partir. Ça n'a pas plu à mademoiselle Martin, tu t'en doutes. Nous avons dit que ce serait plus adapté pour toi d'habiter en ville.

J'ai murmuré :

— J'aime bien la campagne.

— Tu pourras venir trouver madame Norbert à son bureau autant que tu voudras. Elle sera toujours là pour toi.

Je ne me rappelais pas que l'assistante sociale s'appelait Norbert. Elle a fait oui, son sourire m'a surpris. Il a vu que je me détendais, il a continué.

— C'est compliqué de partir. Mais tu n'es plus une enfant. Tu vas commencer ta vie d'adulte. Tu pourras, bien sûr, revoir tes sœurs. Nous avons eu tort de laisser passer trop de temps. Nous aurions dû agir plus tôt.

Il souriait aussi, maintenant. Je n'aimais pas, non plus, qu'il me tutoie. J'étais sur ma chaise, les coudes sur ma jupe de jean. Sur la carte du département épinglée derrière eux sur le mur, des punaises bleues et roses indiquaient les garçons et les filles dans les familles d'accueil. J'avais repéré les nôtres à l'emplacement des Marguerites, la dernière fois. La mienne y était toujours. Il a parlé encore.

J'ai tendu l'oreille en espérant les pépiements des hirondelles sous l'avant-toit de la caserne, mais la saison était avancée. Il s'est arrêté, il y a eu un blanc entre nous, j'ai demandé :

— C'est bon. Où je vais ?

Je ne sais pas si ma vie d'adulte a commencé quand j'ai quitté les Marguerites. Ma mère était une femme-enfant et il me semble que je suis née vieille. J'ai usé plusieurs familles d'accueil, les unes après les autres, en ville. Et puis on m'a autorisée à prendre une chambre au foyer de jeunes travailleurs lorsque j'ai été embauchée à l'usine Big-Chief, après avoir décroché le CAP couture.

Je ne peux pas dire que j'ai aimé le travail à la chaîne. Les manteaux, les vestes m'arrivaient par la gauche, je piquais les doublures, la chronométreuse se tenait derrière moi. J'étais jeune, j'allais vite. Les manteaux continuaient sur la chaîne à droite. En 1971, lorsque je suis entrée à l'usine, l'entreprise de prêt-à-porter vivait encore son âge d'or. Nous étions mille filles à travailler chez Big-Chief. Le patron, Antoine Richard, était le chef de file d'un gaullisme social qui plaisait. Il avait épousé une comédienne qui avait tourné avec Jean Gabin. Il assistait à la fête des catherinettes. Il avait installé une crèche gratuite pour les enfants des ouvrières à l'intérieur de l'usine. Les salaires étaient supérieurs à la convention collective. Les filles touchaient un treizième mois après cinq ans d'ancienneté. Il faisait chaud sous les grandes verrières en été.

A 30°, l'usine fermait. Des bus attendaient devant le portail pour conduire les filles qui le souhaitaient à la plage. Trois, quatre, cinq cars parfois, débarquaient à Brétignolles ou à Brem notre bruyante colonie de vacances. Cent à cent cinquante filles déboulaient sur le sable chaud. La plupart, comme moi, ne venaient presque jamais sur la côte. Elles se tortillaient sous leurs robes pour enfiler leurs maillots, sans amoureux, ni maris, ni enfants, elles riaient et piaillaient comme des gamines sur une cour de récréation, elles couraient vers la mer et revenaient à leurs serviettes, haletantes, rouges, les cheveux mouillés, elles s'allongeaient sur le ventre, les grosses, les grandes, les maigres, mélangées, les blondes à la chair laiteuse réfugiées sous des parasols rayés, les brunes en plein soleil déjà caramélisées, elles se pressaient les unes contre les autres comme des otaries pour découvrir ensemble une page de magazine, elles portaient des maillots une pièce et des bikinis échancrés, les seins, les fesses débordaient qu'elles ne cachaient plus maintenant, soudain plus libres de s'être baignées, plus folles, plus rieuses encore à l'heure de se rhabiller, elles frottaient le sable qui leur collait à la peau, s'essuyaient le dos, s'aidaient à se changer en chantant, partageaient des bouteilles d'eau, des bonbons, des gâteaux, poussaient des cris collectifs qui résonnaient sur la plage comme un grand rire.

C'est au foyer de jeunes travailleurs que j'ai rencontré Erwan. Il était en stage de trois mois à l'école d'agriculture des Etablières. Il venait de Fougères, Ille-et-Vilaine. Il m'a paru différent des autres. Il restait dans son coin, ne parlait pas beaucoup, ne se mêlait pas aux autres. Il n'a pas cherché à m'avoir comme quelques-uns qui me croyaient facile. Nous nous saluions à peine, le matin et le soir, quand nous nous croisions dans la salle à manger du Foyer.

Il m'a regardée en coin, le matin de son départ, et m'a glissé :

— Envoie-moi des cartes postales. Tu pourrais venir me voir, Fougères est une belle ville.

Je lui ai écrit, j'ai pris le train.

Erwan avait trois ans de plus que moi. Il ne m'a pas aperçue d'abord, quand je suis descendue sur le quai de Fougères battu de vent mouillé, une matinée d'avril, et il a couru lorsqu'il m'a découverte avec mon manteau rouge et mon sac au milieu d'un groupe de voyageurs. Nos mains se sont touchées lorsqu'il a pris la poignée de mon bagage.

Je n'avais pas remarqué, avant, ses mains larges, épaisses et pourtant longues aux ongles bien taillés, qu'il a posées sur la table du buffet de la gare où nous avons bu un café. Il était plus bavard, maintenant qu'il était chez lui. Ses prunelles vertes hésitaient encore à me fixer et semblaient me demander si je comprenais ce qu'il me disait, et je sentais en moi, au fond, tout au fond, quelque chose se serrer de lui sentir cette fragilité. Il m'a demandé :

— Qu'est-ce qui te fait rire ?

— C'est ta voix.

— Tu te moques ?

— Non, elle me plaît.

Il avait, c'est vrai, une impressionnante voix de basse.

Il m'a ouvert la portière de sa R8 et m'a promenée à travers la vieille ville. Il pleuvait toujours. Je garde ce premier souvenir de Fougères, grise, sous la pluie. Nous avons risqué quelques pas au pied des murailles du château et couru sous l'averse vers la voiture. Je n'avais pas de parapluie. Nous avons mangé une galette et bu du cidre dans la crêperie au bord du Couesnon. Je lui ai dit que j'aimerais voir sa maison. Il a frotté ses grandes mains comme s'il voulait en chasser la poussière.

— C'est vrai ?

— Oui.

Il n'était pas exactement de Fougères. Nous avons remonté en voiture et traversé la grande forêt. C'est aussi le souvenir qui m'est resté de cette première journée, les nuées noires accrochées aux cimes des hauts chênes, le vent qui les agitait, la route toute droite à travers le massif forestier, parfois nous nous retrouvions dans la brume. Il avait allumé les phares.

La ferme de ses parents était à l'orée de la forêt, à Landéan. Il a arrêté la R8 dans le virage d'où on découvre la ferme des Le Guennec, une longère adossée aux grands arbres, à mi-hauteur de coteau, la prairie et le ruisseau devant, en contrebas. Il a dit :

— Si tu reviens, nous irons jusqu'à la maison, je parlerai de toi à mes parents.

Je ne savais pas si j'avais envie de revenir et de connaître ses parents. La ferme paraissait triste sous la pluie au bord de cette forêt noire. Il m'a vue me blottir dans mon manteau. Il m'a demandé :

— Tu as froid ?

Il a redémarré le moteur pour relancer le chauffage. Il m'a dit qu'il y avait eu une autre fille. Ils étaient allés à l'école de Landéan ensemble, il était persuadé que c'était la bonne, la fille du facteur, ça avait cassé quand il était parti en stage à La Roche, aux Etablières, elle en avait profité.

— Tu es à peine guéri ?

Il a souri, gêné.

— Je ne suis pas malade.

— Je n'ai pas de talent d'infirmière.

J'aurais peut-être dû me méfier. De moi, de lui. Les vitres de l'auto s'embuaient. Il déclenchait les essuie-glaces, passait la main sur le pare-brise. Il m'a désigné la petite maison à colombages et au toit pointu à l'écart de la longère.

— C'était la maison de mes grands-parents qui sont morts. Il n'y a personne dedans. Si je me marie, je la remettrai en état.

— Tu feras tout, tout seul ? Tu es capable ?

— Avec ma femme !

Nous avons ri. Je l'ai cru. Il avait la carrure. Il était de taille moyenne, mais il avait les épaules et les mains.

Il m'a beaucoup promis. Mais je crois que ce qui m'a plu d'abord, chez lui, c'est qu'il me donnait le moyen de partir, m'évader, foutre le camp. Il avait un grand frère, marié, qui travaillait déjà à la ferme avec ses parents et avait mis au monde deux petits garçons qu'il aimait comme ses enfants. Il m'a demandé si je souhaitais des enfants.

— Beaucoup.

— Combien ?

— Cinq, six.

Je lui ai parlé de mes trois sœurs.

Quand je suis descendue de voiture dans la cour de la ferme, à mon second voyage, sa mère m'a examinée comme une poule qui a déniché un ver. Elle croisait les bras sur sa large poitrine, debout sur le seuil, enveloppée dans un ample sarrau bleu à pois blancs. Elle m'a assise sur le banc de bois noir dans la cuisine et m'a posé toutes sortes de questions sur ce que je faisais, mes sœurs, ma religion, mes parents.

— Alors, tu n'as pas de père ?

— Je suppose que j'en ai un comme tout le monde.

Un éclair a sillonné ses prunelles vertes comme celles d'Erwan.

— Et ta mère, qu'est-ce qu'elle fait ?

J'ai dit qu'elle était malade. Erwan était assis à côté de moi. J'ai senti que l'examen n'était pas à mon avantage. Sans doute, j'aurais dû prendre mes jambes à mon cou. Le père d'Erwan était là. Comme son fils, il se taisait. Elle m'a demandé :

— Tu fumes des cigarettes ?

Elle m'a tutoyée dès qu'elle m'a parlé. Erwan fumait aussi, du tabac brun. Moi, les blondes au goût de miel, les paquets au chameau. J'ai répondu :

— Un peu.

— Une femme, ça ne fume pas, ça fait mauvais effet.

— Maman… a soupiré Erwan.

— Est-ce que je fume, moi ? a répliqué sa mère.

Le père d'Erwan avait la pipe à la bouche. Un brin de buis bénit était glissé entre le mur et le crucifix sur le manteau de la cheminée. Il y en avait un autre sur le linteau du portail de l'étable. Nous avons convenu que la noce aurait lieu à Landéan. J'ai invité Mademoiselle et Jacqueline.

20

Nous sommes bien appariés

Je pense encore que Mademoiselle a eu tort de ne pas assister à notre mariage. Ça n'aurait probablement rien changé, mais quand même. Jacqueline et Pierre sont allés à tous nos mariages, sauf celui de Monique à New York. Notre noce a été dans la tradition paysanne et bretonne.

J'ai espéré jusqu'au bout que les Marguerites seraient de la fête. J'ai téléphoné à Jacqueline, un soir :

— Marraine, est-ce que je peux te présenter Erwan ?

— Erwan, ce n'est pas un nom de chez nous, ça !

— C'est breton.

— Quand tu veux, ma chérie. Accompagne-le à la maison, montre-lui la place de la Préfecture, lorsqu'il viendra à La Roche.

— Il est là. Est-ce que tu peux nous recevoir demain ?

Nous avons sonné, aussi intimidés l'un que l'autre. Moi, de leur montrer mon amoureux. Erwan encombré de ses membres au milieu de leur salon. Une goutte de sueur posée au milieu de son large front ne semblait pas tout à fait sûre de vouloir descendre sur sa figure. Pierre et Jacqueline ont été comme je les espérais. Mon jeune grand paysan à la voix de basse d'opéra leur a fait, je crois, bonne impression.

— Erwan signifie Yves, en breton, a-t-il expliqué.

Je leur ai dit que nous étions allés aux Marguerites, la veille. J'avais aussi invité l'abbé. Mademoiselle Eugénie m'avait répondu :

— Si c'est possible, on ira.

J'étais optimiste. J'y croyais. Erwan souriait, content de me voir heureuse. Je m'occupais des papiers. Je n'étais pas majeure. Il me fallait les autorisations de l'Assistance. J'avais confiance. J'avais choisi un paysan solide. J'allais quitter Big-Chief. Je travaillerais à la ferme. Erwan affirmait que je ne serais pas de trop, il y avait du travail pour moi.

— J'ai une faveur à te demander... ai-je dit à Pierre.

J'hésitais, j'ai pris le bras d'Erwan comme pour y puiser du courage.

— Voilà, je n'ai pas de père. Est-ce que tu...

— Tu voudrais que je te conduise à l'autel ? m'a interrompue Pierre. C'est oui.

Sa voix vibrait, il était ému.

— Je serai très honoré.

Je n'ai pas souvent pleuré. Je ne suis pas des natures qui débordent, mais là... la reconnaissance... l'amour... l'émotion...

— Merci... je suis tellement contente !

J'ai essuyé mes paupières avec mon doigt, mais je souriais.

— Excusez-moi.

Erwan m'a tendu son mouchoir.

— Tu n'as pas à nous remercier, Jeanne, m'a dit Pierre, c'est un cadeau que tu nous fais, une belle marque de confiance.

Jacqueline m'a dit qu'elle appellerait Eugénie, elles organiseraient l'expédition et partiraient à la noce ensemble, on verrait si les Bretons savent s'amuser. Mais quand elle a eu Eugénie au téléphone, elle a compris que ça n'était pas gagné. Eugénie avait oublié la date, elle était débordée, c'était compliqué, il faudrait des chambres à l'hôtel, et s'absenter pendant deux jours au moins, si elle y allait pourquoi pas Monmon et Georgette ?, Louise garderait le château, que Pierre et Jacqueline soient décidés semblait un argument favorable, elle était d'ailleurs étonnée qu'ils fassent le voyage. Elle a soufflé le froid et le chaud, été d'accord pour que Jacqueline retienne les chambres pour tout le monde. Huit jours avant la noce, j'ai téléphoné à marraine :

— Elle ne vient pas. Ils ne viennent pas.

— Eugénie t'a appelée ?

— Oui.

— Pourquoi ?

— Parce qu'elle n'a pas envie de venir. Elle s'en fout, et moi aussi. Mais tu sais ce qu'elle m'a lancé, parce que j'insistais ? « Mets-toi bien ça dans la tête,

Jeanne, que je ne suis pas ta mère et que je ne le serai jamais. »

— Qu'est-ce que tu lui as répondu ?

— J'ai eu grand froid à l'intérieur, je me suis sentie comme une idiote, je me suis gelée, j'ai balbutié : « Je sais. »

— Tu veux que je la rappelle ?

— Ça suffit. Elle me gâche assez mon mariage.

Jacqueline m'a dit qu'Eugénie lui avait, en effet, téléphoné le lendemain et confirmé son désistement. Les filles viendraient. Charlotte ? Non, elle était trop jeune, Thérèse et Monique. Jacqueline n'a pas écouté les prétextes de son amie. Eugénie pouvait-elle être encore son amie ? Le voulait-elle ? Jacqueline a fait comme je le lui avais demandé. Elle s'est tue.

Le mariage était le deuxième samedi de mars. Le vent a agité déjà les hautes futaies de la forêt de Fougères, la nuit d'avant la noce. Nous avons quand même parcouru en cortège, à pied, le chemin de la ferme jusqu'à la mairie et l'église. La tempête soufflait si fort que les invitées devaient se cramponner à leurs chapeaux. Pierre marchait devant, tête nue, en me tenant par le bras. Sur un coup de vent, le voile a échappé au garçon et à Thérèse, la fille d'honneur. Il s'est soulevé et déployé dans le ciel comme une grande voile qui me tirait par les cheveux.

— Je vais m'envoler ! ai-je crié à Pierre en me cramponnant à son bras.

La bourrasque est passée. Le voile est retombé. Le cortège s'est arrêté un moment pendant qu'on réajustait ma coiffure et que je reprenais mes esprits.

— C'est un bon ou un mauvais signe ?

— Un signe de rien du tout ! a dit Pierre.

Ils sont restés à Landéan jusqu'au lundi, mes sœurs aussi. Les Le Guennec étaient connus et estimés dans le pays. Leur famille était nombreuse. Le père d'Erwan était comme son fils en plus vieux, un bon géant dont le rire a amusé toute la noce. J'ai soufflé à Jacqueline, rougissante, radieuse, en lui tenant le bras le dimanche, quand nous nous sommes promenés à mi-forêt après le déjeuner :

— Nous sommes bien appariés !

Je reprenais le mot de Monmon quand il parlait de deux animaux qu'il liait sous le joug ensemble. Je voulais lui dire que je ne m'étais pas trompée, nos corps marchaient. Elle m'a dit, à Jard, qu'elle avait déjà remarqué que l'autorité, chez les Le Guennec, était à la mère, petite et ronde comme une boule de fer. « Ses » hommes filaient, le père et les deux fils.

— Un bon commandeur, lui avait dit cette femme sûre d'elle, vaut trois travailleurs !

Elle s'est demandé ce jour-là si, moi, qui n'étais pas d'un genre à plier, je n'aurais pas des difficultés avec ma belle-mère. Erwan, chez lui, paraissait plus ordinaire, un brave garçon, un maillon faible. Sa mère l'avait interrogée sur moi. Elle voulait tout savoir. Tout quoi ? Ma mère, Eugénie, mes sœurs, le château, avant. L'Assistance s'était fendue d'un cadeau de vaisselle. Les Le Guennec assumaient tous les frais de la noce. J'avais entendu la belle-sœur dire que pour son mariage ses parents avaient payé la moitié. Les beaux-parents n'avaient pas voulu faire une fête de moindre importance pour leur second fils, la famille et les gens de Landéan auraient dit qu'ils l'avaient marié à la sauvette. J'avais senti la pointe jalouse dans sa voix. Ma place n'était pas si sûre que je l'avais espéré. Je restais une rapportée. J'avais montré à Jacqueline la petite maison des grands-parents qu'Erwan m'avait promis d'aménager pour nous. Mais pour l'instant rien n'était fait. Il n'avait pas éventré la façade comme envisagé, ni brassé la moindre brouettée de ciment. Nous commencerions dans la longère avec tous les autres, père, fils, bru, petits-enfants, les uns contre les autres. Je n'ai pas compris que Jacqueline insiste autant pour que je ne tarde pas et que j'obtienne la chambre et la maison promises. Comme elle avait raison !

Après les premiers kilomètres, sur la route du retour, Pierre lui a confié en conduisant :

— Elle n'a pas encore quitté son statut de réfugiée. Il faudra qu'Erwan l'aide pour qu'elle y arrive.

— Tu crois qu'il en est capable ?

— On peut l'espérer, puisqu'il l'a mariée.

— Ils ont déjà fait un bout de chemin, elle a tourné la page du passé, elle est neuve, ailleurs, à Landéan, elle n'est plus l'aînée des filles Cardineau, elle est devenue Jeanne Le Guennec.

Elle essayait de s'en persuader, mais elle était inquiète, pas sûre, elle avait peur pour moi.

Ça a marché, la première année. J'y ai cru. Je pense que j'ai été heureuse. J'ai appelé Jacqueline souvent, pour lui raconter. Je n'avais pas le temps d'écrire. J'allais à la cabine téléphonique de Landéan. Ça coûtait parce que nous parlions longtemps. Alors nous convenions de nos rendez-vous et c'était Jacqueline qui appelait. Je lui répétais que j'étais heureuse.

Je me suis donnée à fond, sans doute trop, pour tout. L'étable et les bêtes ne me faisaient pas peur. J'avais raconté aux Le Guennec les dimanches avec Monmon, le petit veau que nous approchions de la vache avant de la traire pour qu'elle soit généreuse à donner son lait. Ils avaient ri. La ferme était à une autre échelle. Ils élevaient un troupeau de soixante laitières qui prenaient leur tour dans la salle de traite. J'ai vite appris à les conduire vers la trayeuse, m'imposer aux vaches meneuses ou récalcitrantes qui volaient leur tour, les diriger vers leur box, surveiller les pis fragiles, les laver, masser, enduire de graisse à traire. Je suis devenue une vraie paysanne en cotte bleue, chaussée de grandes bottes noires, un foulard sur ma tignasse comme une crinière que je laissais pousser, ramassée en un chignon vite fait avec quelques pinces. J'en étais fière. J'ai envoyé des photos à Jacqueline.

J'ai vraiment cru que j'allais y arriver. Nous avons ri aux éclats, comme autrefois, au téléphone avec Jacqueline. Je crois qu'elle y a cru, aussi.

Je suis même allée à la carrière de l'oncle d'Erwan m'initier à la taille des pierres des Granitiers bretons. Depuis mai 68, le granit ne faisait plus recette pour paver les rues, les municipalités préféraient le bitume. J'ai travaillé comme une folle, pour prouver aux Le Guennec, mais aussi pour moi.

— Je me suis éreintée aux foins, hier, marraine ! Nous nous sommes couchés vannés. Notre lit craque, ah, ah ! J'ai dormi comme une souche, me suis réveillée ce matin, ai trempé ma grillée graissée de beurre salé dans mon café noir, et je suis repartie.

Nous ne voyagions pas. Le travail ne le permettait pas. Nous sortions un peu autour de Fougères. J'ai écrit à Thérèse, Monique, Jacqueline, quelques cartes postales qu'Erwan a signées, de Saint-Malo, Le Mont Saint-Michel, le cap Fréhel. J'aurais peut-être dû arrêter de fumer. « Tu fumes comme une dévergondée ! » grondait ma belle-mère. J'allumais les Camel devant elle pour la provoquer.

— Pourquoi fais-tu ça ? Ta belle-mère s'inquiète de ta santé, me disait Jacqueline.

— Non, ma santé ne l'inquiète pas.

Erwan oubliait la maison des grands-parents, prétendait qu'il n'avait pas le temps. Je lui disais que je l'aiderais sur le chantier, que j'étais prête à travailler le jour et la nuit, quand je ne serais pas à l'étable ou dans les prés ou sur les machines. Il n'a pas eu le courage, ou la volonté. Ç'a été le premier coin entre nous. Il fuyait. Je lui ai demandé s'il avait sérieusement eu l'intention d'habiter cette maison.

— Tu es bien dans ta niche. Tu es content avec ta mère, à téter ta goutte ! Ça n'est pas possible. Ça ne durera pas.

Sans doute, si nous avions eu un enfant, les choses se seraient arrangées. La maison des grands-parents aurait été transformée. Un soir, il n'y avait pas un an qu'on était mariés, la belle-mère m'a demandé :

— Alors, quand allez-vous nous le faire, ce petit ?

La belle-sœur était à nouveau enceinte. Elle a mis au monde une fille. La question de l'enfant est revenue comme une douleur lancinante. On faisait pourtant tout ce qu'il fallait. La belle-mère surveillait si j'avais mes règles.

Après deux ans, nous avons consulté le médecin de famille qui n'a rien trouvé d'anormal, au contraire. Les tensions devenaient plus fréquentes et plus vives avec les femmes dans la longère trop pleine des Le Guennec. Je n'étais bien qu'aux champs avec les hommes. Mais les hommes, on le sait, sont les hommes, ils sont faibles. La mère gérait les finances. Les hommes n'avaient pas de salaire fixe, encore moins les femmes. Les fils étaient déclarés assistants d'exploitation. A vingt-cinq ans, Erwan demandait de l'argent à sa mère pour aller chez le coiffeur. A mesure que le temps passait, Jacqueline me l'a reproché, je lui téléphonais moins. J'ai raté plusieurs de nos rendez-vous. Avec Erwan, nous sommes allés chez un gynécologue de Rennes qui a dit que mon histoire intime pouvait en être la cause. Les souffrances de l'enfance et de l'adolescence devaient me bloquer dans ma tête et dans mon cœur. Il suffisait parfois de peu de chose, un événement, pour être délivrée. Il a cité l'exemple de couples qui devenaient féconds après avoir adopté un enfant. L'idée de l'adoption tournait déjà dans ma tête. Je n'avais pas osé en parler. C'était trop proche de ma propre histoire. J'ai interrogé Erwan qui n'a pas dit non. Mais dans la famille, l'accueil a été glacial.

— Tu veux prendre un de ces gosses venus de nulle part ? Tu veux recommencer ? Chez nous, ça ne s'appelle pas l'Assistance publique !

J'ai répliqué, ce jour-là, ou après, que j'en avais assez de la promiscuité, ils vivaient comme des lapins dans un clapier, je voulais la maison du grand-père, je n'étais pas une lapine, je voulais vivre avec Erwan.

— Eh bien, allez vivre où vous voulez ! m'a répondu la belle-mère en colère.

J'ai pensé que nous aurions pu aussi nous installer à Landéan ou à Fougères. Erwan aurait trouvé du travail dans la chaussure et moi dans la couture. Il n'a pas voulu quitter le clapier. A l'école de Louvigné-du-Désert, le village voisin de Landéan, on recrutait une assistante maternelle pour la rentrée suivante. J'ai posé ma candidature et j'ai été prise.

— Ça ne va pas plaire, m'a dit Erwan.

Ça n'a pas plu. Une femme qui travaillait à l'extérieur de l'exploitation familiale, pendant les années 1970, ça n'existait pas encore, sauf chez ceux qui n'y arrivaient pas. Travailler chez les autres, c'était la honte. Est-ce que ça voulait dire que les Le Guennec n'avaient pas les moyens de nourrir leur bru ? Et puis une femme de paysan n'a pas à courir ailleurs. Elle a assez à faire à la maison. Est-ce que ça voulait dire que ça ne marchait pas avec mon homme ? Nous n'avions pas d'enfant ! Jacqueline m'a demandé :

— Comment ça va se passer à la maison, quand tu rentreras le soir ? Ça risque d'être compliqué.

Je lui ai répondu :

— On verra bien.

Et :

— Ça décidera peut-être Erwan à bouger.

Je dois ne lui avoir téléphoné que trois fois, cette année-là. J'étais heureuse, à l'école. Je m'entendais bien avec les religieuses institutrices. Je prenais le car, le matin, qui m'emmenait à Louvigné. Avec l'argent de mon travail, je prenais des leçons de conduite, j'allais passer mon permis. A la maison, j'avais l'impression qu'ils me poussaient vers la sortie.

J'ai tenu toute l'année scolaire et, un soir du début de juillet, il faisait grand jour encore, Jacqueline m'a ouvert sa porte, place de la Préfecture. J'avais tiré la sonnette. J'étais sur le trottoir au pied des marches. Elle a vu ma valise. Mes longs cheveux noirs tombaient sur mes épaules. Pierre avait fermé l'étude et il était monté dans l'appartement, la sonnette de la porte d'entrée a retenti. J'ai demandé :

— Est-ce que je vous dérange ?

Elle a appelé Pierre. Nous nous sommes embrassés :

— Est-ce que je peux dormir chez vous ?

Pierre a soulevé ma valise qui était lourde. Avant que nous ayons monté l'escalier, je leur avais appris que j'avais donné ma démission à l'école et fait ma valise. La perspective de la soupe à la grimace chez les Le Guennec pendant les grandes vacances n'était plus possible.

— Tu ne retourneras pas à Landéan ?

— C'est fini.

Il y avait presque quatre ans que j'étais mariée.

21

On est de quelque part quand on a quelqu'un au cimetière

J'ai trouvé ciseaux et rasoir dans la salle de bains de Jacqueline, le lendemain de mon arrivée. Aux Marguerites, Mademoiselle nous coupait les cheveux à la Jeanne d'Arc. Une fois par mois, elle nous asseyait sur le tabouret dans la salle des exercices. Elle y allait direct, adroite comme pour tout, avec les grands ciseaux que Monmon aiguisait. Les cheveux tombaient. Elle finissait au rasoir les petits cheveux frisés sur la nuque. Nous apportions la pelle et le balai et ramassions le tas mélangé des cheveux blonds de Thérèse et des bruns de Monique et moi. Je n'ai pas hésité avec les ciseaux de Jacqueline. Je n'ai pas réfléchi. Je n'y suis pas allée de main morte. Schlac ! Schlac ! Mes grands cheveux répandus autour de moi. J'étais en train de finir au rasoir, quand Jacqueline est entrée dans la salle de bains.

— Qu'est-ce que tu fais ?

Elle a vu mon crâne rasé de près.

— Pourquoi tu fais ça ?

— Je tourne la page.

Elle m'a soulevé le menton, a souri.

— Mais ça te va bien !

Il n'y avait plus de place pour moi chez Big-Chief. L'usine avait été reprise par une société qui licenciait les ouvrières. Ça allait mal. Les entreprises de textile avaient commencé à délocaliser dans les pays du Maghreb. Je suis partie, après trois jours, chez Thérèse qui avait trouvé un emploi dans les cuisines d'un hôtel de Biarritz où elle a rencontré son mari. C'est un bonbon, Thérèse. On pourrait croire qu'elle n'a de comptes à régler avec personne. Elle me répète :

— Tu te rends malheureuse pour rien. Les autres se fichent de nos histoires. Ne ressasse pas. Oublie le passé. Regarde devant.

Elle habite une grande maison peinte en blanc aux volets verts, dans l'arrière-pays basque, à Halsou, la Nive coule en dessous de chez elle, même les fenêtres fermées on entend la rivière se frotter contre ses galets. Ils ont trois gentils enfants. Elle ne s'est fâchée avec personne. Elle continue de voir Mademoiselle. Elle m'a hébergée pendant deux ou trois étés quand j'ai fait la saison là-bas. Elle a toujours été la plus facile, la plus positive, la plus pacifiée de nous trois. Nous avons, bien sûr, divorcé, Erwan et moi. Je suis redevenue Jeanne Cardineau. J'ai bringuebalé mes dépressions pendant trente ans, consulté des psys, chologues-chiatres-chanalystes, des mages, des hypnothérapeutes, énergéticiens, magnétiseurs. Sans résultats significatifs.

J'ai été serveuse dans les bars sur la côte atlantique, vendeuse de confection dans les magasins d'été aux Sables-d'Olonne, à Royan, Arcachon. Je n'ai pas eu d'enfant. Je n'ai pas pu, pas su. Les blocages devaient être trop sévères. Les hommes qui ont vécu avec moi ont eu du mérite. Je suis sortie avec un marin-pêcheur qui sentait la saumure et parlait le basque à Saint-Jean-de-Luz. J'ai rencontré Franz dans le train Nantes-Bordeaux en septembre 1981. Je partais pour une saison de vendanges. Alors, j'étais surtout attentive à l'actualité des routards et des hippies. Franz s'est assis à côté de moi, sans rien dire. Des perles de pacotille ornaient ses cheveux tressés. Un anneau d'or au lobe de son oreille droite se balançait au rythme des mouvements du train, j'ai tendu le doigt pour le toucher en lui demandant si c'était un porte-bonheur. Il a tourné vers moi son regard noir, les pommettes osseuses, et m'a dit que c'était l'alliance de mariage de sa grand-mère. Il a sorti de la poche de sa vareuse au velours râpé un bracelet indien qu'il a noué autour de mon poignet en me garantissant son effet guérisseur. J'ai laissé aller ma tête contre son épaule et fermé les yeux.

J'ai descendu du train avec lui en gare de La Rochelle. Je n'ai pas fait les vendanges. Nous avons élevé des chèvres dans les marais d'Esnandes. Nous avons été une douzaine au plus fort de notre communauté. Nous squattions les bâtiments abandonnés d'une caserne de douaniers au cœur du marais. Je suis montée sur le toit de la grange avec Franz remettre les tuiles que les tempêtes avaient fait glisser. J'ai aimé les immensités plates et nues des marais d'Esnandes et son église fortifiée. Nous brassions les tuiles, et je voyais l'océan, Ré. J'ai eu le sentiment certains après-midi de décembre ou janvier qu'il n'y avait que moi et les milliers d'oiseaux en hivernage dans les vasières et les prés-salés, et que ces marais m'appartenaient, mais ce n'était pas vrai.

Nous vendions nos fromages. J'ai tanné les peaux de chèvre et de mouton. Nous étions fiers de vivre en autarcie. La terre de marais est bonne pour les pommes de terre, les ails et les oignons, les fèves. Nous pêchions les palourdes au pied de la falaise de la Pointe Saint-Clément, ramassions les moules que la tempête avait arrachées aux bouchots de Charron. Nous avions notre matelas, Franz et moi, sur le plancher d'étage de la grange, les chèvres dormaient en dessous, dans la chèvrerie.

La chèvre cabriole, elle est fine, capricieuse, gourmande, indépendante, combative. Elle parle. Je reconnaissais à leur voix chacune de nos trente chèvres. Nous avons été réveillés, plusieurs matins, par deux ou trois escaladeuses qui sabotaient notre plancher et tendaient leurs barbiches au-dessus de notre lit. Comment étaient-elles montées à l'échelle de notre grenier ? Une chèvre se cabre, c'est vrai, se dresse sur ses postérieurs, mais tout de même leurs sabots sur les échelons étroits !

Nos chèvres étaient des poitevines au poil brun et noir, le pis plantureux, le lait abondant, le museau délicat, le regard vif. J'avais du mal avec l'odeur du bouc. L'animal pisse dans sa barbe de prophète pour en entretenir le fumet. J'ai été tentée plusieurs fois de la couper, mais les chèvres auraient été moins amoureuses.

Mon stage à Esnandes a duré deux ans. J'ai dit à Franz :

— Je me sens comme ces oiseaux migrateurs qui viennent ici de Sibérie ou d'Europe du Nord pour passer l'hiver et qui s'incrustent. Tu m'as sauvée, Franz.

Un petit sourire a retroussé le coin de sa bouche. Il m'a montré son tee-shirt à tête de Jésus sur la poitrine.

— C'est Lui qui t'a sauvée. Je ne sauve personne.

De lourdes pattes-d'oie accentuaient les cernes de ses yeux. Avec la barbe, il ressemblait à son Jésus.

Nous avons rêvé de voyage au Cachemire pour visiter les chèvres dont le peignage donne un duvet si soyeux. Franz m'a raconté l'histoire de ces chevrettes de là-bas qu'on a essayé d'implanter chez nous pour prélever en abondance leur précieuse fourrure. Emigrées ici, elles ont cessé mystérieusement de produire le poil qui faisait leur parure, elles sont devenues des chèvres autochtones semblables aux autres.

— Tu déplaces un Alsacien, un Breton, un Espagnol ou un Sénégalais à Paris ou à San Francisco, en quelques années, au pire une génération, il devient un Parisien ou un Américain comme les autres.

Nous n'avons pas fait le voyage au Cachemire ensemble. Je me baignais nue, un soir de septembre, dans le bassin du canal, près de notre chèvrerie. Je chantais les vendanges de l'amour. Le marais haletait. Le soir, au couchant, on aurait dit qu'il brûlait. Quatre gendarmes sont sortis en riant de la haie de frênes argentés et de tamaris. Ils m'ont demandé de mettre les mains en l'air pour profiter encore un peu du spectacle. Ils ont commandé sans rire à Franz, qui sortait de la maison, d'en faire autant et ils nous ont embarqués dans leur fourgon bleu. Ils en voulaient à notre champ de cannabis mal dissimulé derrière quelques rangs de maïs.

Ils m'ont conduite devant un juge. J'ai écopé d'un mois avec sursis pour production et commerce de plante illicite. Je m'inquiétais surtout de mes chèvres. Etaient-elles bien soignées ? Qui s'en occupait ? Notre cas était aggravé par l'occupation des bâtiments des douaniers qui ne nous appartenaient pas, ni les terres de marais que nous avions exploitées. Notre troupeau a été dispersé, nos plantations détruites. J'ai croisé Franz au tribunal. Il a pris six mois à Saint-Martin-de-Ré où il a purgé quelques arriérés. Il n'était pas loin d'Esnandes. De la fenêtre de sa cellule, il voyait l'océan.

Il m'a écrit une lettre de sa prison : « Le Cachemire n'est peut-être pas une bonne idée. Les montagnes sont difficiles d'accès. Le conflit entre l'Inde et le Pakistan est toujours menaçant. J'ai lu que la même race de chèvres s'est bien adaptée aux montagnes de Mongolie. Leur cachemire est d'aussi bonne qualité que dans leur pays d'origine. Que dirais-tu d'émigrer ensemble à Oulan-Bator ? Les canards pilets font bien le voyage retour vers la Sibérie. Nous commencerions avec quelques chèvres. Nous déplacerions notre yourte dans la montagne. On peut s'installer là-bas avec presque rien. Nous sommes jeunes encore, c'est maintenant qu'il faut partir. Et ça ne me gênerait pas de mourir en Mongolie près de toi. Je te donnerai ma boucle d'oreille. Tu me tiendras la main et m'aideras à boire une gorgée de kéfir tourné vers la montagne dans l'attente du lever de soleil. Je verrai tournoyer les ombres des aigles autour des sommets. Quand le soleil apparaîtra, je le fixerai jusqu'à ce qu'il me brûle les yeux. Tu me fermeras les paupières. Je ne supporte pas d'être séparé de toi. Je déteste ces murs et le feu de cette mer trop bleue. Je suis déjà mort. »

Je n'ai jamais revu Franz. Le temps a passé sans que je sache trop comment. Aux dernières nouvelles, il habiterait à La Réunion du côté de Hell-Bourg, je ne sais pas s'il élève des chèvres. Parfois, je suis tentée de courir à l'aéroport acheter un billet d'avion pour le rejoindre. Nous escaladerions le

Piton de la Fournaise et, allongés côte à côte sur la lave rouge et noire du volcan, nous guetterions le surgissement du soleil. Mais je reste là. J'ai peur que Franz ne me reconnaisse pas.

C'est pendant l'hiver qui a suivi cet été-là que notre petite maman est morte. Elle s'est éteinte sans bruit, à bout de souffle, les infirmières nous ont dit qu'elles l'avaient trouvée le matin, endormie. J'ai pensé : Elle a fini de souffrir. Elle ne bougeait presque plus de son lit. Je n'étais venue la voir qu'une fois pendant que j'étais à Esnandes. Je m'étais approchée des draps et des couvertures où elle était enfouie dans la chambre qu'elle partageait avec deux autres femmes. J'ai touché sa chevelure de cendres.

— C'est moi, Jeanne. Parle-moi.

Elle s'est tournée légèrement. Ses yeux étaient ouverts, mais elle n'était pas à l'intérieur. Un peu de salive sortait d'un côté de sa bouche. Je l'ai essuyée. « Nous avons du mal à la faire manger », m'avait murmuré l'infirmière qui m'avait accompagnée jusqu'à son lit. Ses voisines de chambre se sont approchées, en guère meilleur état qu'elle.

— On s'occupe d'elle.

Un géranium en pot fleurissait le bord de la fenêtre. J'ai pensé que c'était lui qui sentait mauvais. Un bol de café au lait avait fini de refroidir sur sa table de nuit. Elle a refermé ses lèvres sèches quand j'ai approché le toast posé près du bol. J'ai insisté, elle a soufflé et recraché le pain.

— Une parole, donne-moi qu'une parole, maman !

Elle a balbutié quand je me suis penchée pour l'embrasser. Son visage était horriblement ridé. Quand l'avais-je embrassée, la dernière fois ? Elle m'a regardée, preuve qu'elle était là malgré tout. Je suis partie contente : Elle m'a parlé, maman m'a parlé. Je ne suis pas revenue.

Nous l'avons enterrée dans la tombe de famille auprès du cordonnier et de sa femme, dans le cimetière du Point-du-Jour. Je n'étais allée que deux ou trois fois au cimetière. Je ne savais même plus où se trouvait leur tombe. Il faisait un froid glacial, ce jour-là. Le vent du nord balayait des paillettes piquantes de grésil entre les croix. La terre était gelée. Les fossoyeurs ont souffert à creuser.

Nous étions une dizaine à suivre à pied le fourgon noir. Monique était déjà partie oublier maman aux Etats-Unis. Thérèse donnait le bras à son mari basque. Je n'étais pas fraîche. J'étais encore dans l'après de l'arrachement d'Esnandes. Je m'étais coiffée d'un bonnet andin à oreilles et je portais comme un sac un manteau de tricot déformé sur une longue robe de coton noir à motifs de broderies indiennes. J'ai interrogé Charlotte quand elle s'est glissée dans la rangée de chaises près de moi dans l'église :

— Qu'est-ce que tu fais là ?

J'ai ajouté en l'embrassant quand même :

— Tu crois qu'elle est ta mère ?

Nous ne nous étions pas revues depuis ma visite au château avec Erwan et mon départ en Bretagne. Elle était alors une préadolescente, presque une enfant. A présent, dans la grande église trop vide et glacée, j'avais du mal à la reconnaître. Elle avait grandi. Elle était plus grande que moi. La ceinture de son manteau de daim serrait sa taille fine. Une boucle de cheveux dorés sortait de sa capuche bordée de fourrure blanche, Anna Karénine guettant l'arrivée du comte Vronski sur le quai de la gare de Saint-Pétersbourg.

Je me suis retournée quand elle est entrée en retard dans la grande église vide. J'avais tenu, avec l'accord de Thérèse, à ce que maman ait une cérémonie religieuse dans cette église Saint-Louis qu'elle fréquentait les dimanches. J'avais rencontré le prêtre au presbytère, lui avais dit que maman aimait l'encens. Jacqueline et Pierre étaient là, derrière nous, et la jeune infirmière qui avait dit que maman était partie pendant son sommeil, et deux ou trois vieilles femmes en mauve et en noir qui devaient être des piliers d'enterrements. Peut-être l'une d'entre elles avait-elle connu maman. Quand j'ai embrassé Charlotte, j'ai aperçu, dans le contre-jour de la grande porte ouverte au fond de l'église, Mademoiselle. Lorsque je me suis retournée une seconde fois, elle n'était plus là.

J'ai demandé à Charlotte dans l'allée du cimetière :

— Tu n'es pas venue toute seule. Elle t'attend dans la voiture ?

— Oui.

— Comment l'avez-vous su ?

— C'est moi, a dit Thérèse.

Ils ont descendu le cercueil, qui semblait ne pas peser bien lourd. Thérèse a pris Charlotte d'un côté par le bras, moi de l'autre, elle a fait signe à son mari de prendre mon bras aussi, nous nous sommes approchés au bord de la fosse, la terre friable sous nos pieds. Le grésil semait sa poussière sur le bois verni.

— Maman aura eu au moins cet enterrement en blanc, a murmuré Thérèse.

J'ai dit :

— On est de quelque part quand on a quelqu'un au cimetière.

— Vous avez le droit de pleurer, a dit le mari de Thérèse.

Jacqueline qui pense à tout avait apporté un bouquet de roses rouges. Elle nous les a distribuées. Nous avons jeté la rose sur le cercueil. Une rafale plus forte nous a fait reculer.

— Elle repose en paix, a murmuré Jacqueline, elle qui ne l'a jamais connue.

Nous avons sorti nos mouchoirs. Nous avons marché en silence vers la grille. Les fossoyeurs attendaient dans leur cabane avec leur pelle. Les yeux de Charlotte brillaient comme des saphirs. Je l'ai interrogée sur le trottoir, au bord de la place.

— Tu es amoureuse ?

Elle a glissé sa mèche de cheveux sous sa capuche derrière son oreille.

— Pourquoi tu dis ça ?

— Je le lis dans tes yeux.

Ses lèvres ont tremblé en découvrant ses jolies dents.

— Oui. Peut-être.

— Tant mieux pour toi. On s'embrasse. On ne s'est pas embrassées souvent depuis quelque temps.

22

Comment n'aurais-je pas été jalouse ?

Nous avons vendu la maison du cordonnier. Monique, aux Etats-Unis, ne voulait pas en entendre parler.

— Faites comme ça vous chante. Vendez la baraque, rasez-la, brûlez-la, ne m'en donnez pas un centime !

Thérèse, à Halsou, n'avait pas le temps de s'en occuper. Alors je l'ai confiée à une agence. J'hésitais à la garder pour moi. Mais, alors, j'étais encore l'oiseau sur la branche et je ne souhaitais pas me fixer dans une maison qui renfermait tant de fantômes.

Un promoteur l'a achetée. Il a envisagé de la raser et de construire un immeuble. Il l'a finalement gardée pour lui. Elle existe toujours. La statue de la Vierge veille encore dans sa niche grillagée au-dessus de la porte. Il a conservé la vieille façade, gratté l'enduit, rejointoyé les pierres, sablé les briques de la corniche, ajouté dans la cour, derrière, une aile de verre et de béton ouverte sur le jardin.

Je regrette l'atelier de cordonnerie. Les démolisseurs l'ont écrasé à la pelleteuse. Que sont devenus les outils, les formes ? Il me reste le médaillon de cuir de ma nuit de fugue, que je porte comme un tatouage sur ma peau.

Quand Charlotte s'est mariée en juillet 1989, j'habitais à Angoulême, où je louais une chambre humide rue des Trois-Fours et retouchais des bas de pantalons et de robes dans l'arrière-magasin du centre Saint-Simon, face à l'hôtel Marguerite de Valois. Je n'ai pas été invitée à la noce. Thérèse, elle, y était. Jacqueline aussi. Elles m'ont raconté la calèche, les queues-de-pie, les chapeaux, le chapiteau dressé dans la prairie des douves.

— Charlotte est venue m'inviter, m'a dit Jacqueline. J'ai hésité à accepter. Elle a insisté : « Tu es ma marraine. Je veux que tu sois avec nous. S'il te plaît. Je sais que maman serait triste si tu n'étais pas là. »

Des guirlandes de drapeaux roses et blancs reliaient en dais le tilleul de la cour d'honneur et la porte du château. Des roses en papier fleurissaient les chênes de l'allée. Charlotte Martin épousait le jeune médecin François Chêne. Eugénie était ravie. Son rêve s'accomplissait. Sa fille épousait un médecin, fils de médecin. La bonne société bourgeoise de La Roche s'est bousculée aux Marguerites. L'abbé a recueilli les consentements des deux époux.

— Le petit Chêne épouse une princesse ! disaient les invités.

Mademoiselle avait cousu la robe de dentelle et d'organdi de sa fille, cintrée sur sa taille étroite, le large col Claudine entrouvert sur les satins de la poitrine et de son long cou. Elle avait travaillé pendant des semaines, ajusté la dentelle de Calais. Elle voulait que la robe soit simple parce que sa fille était belle. Mais faire simple c'est compliqué. Charlotte l'avait rejointe sur le palier d'étage pour les essayages. Il ne s'agissait plus d'une petite robe de communion.

— Tourne, tourne, ma fille ! Dresse-toi un peu sur la pointe des pieds, tu auras des chaussures à talons.

Le mètre ruban autour du cou de Mademoiselle, Charlotte, pieds nus, tournait, Mademoiselle enfonçait ses épingles, la future mariée allait, revenait sur le palier, toute blanche comme un lys, Charlotte qui donnerait le bras et la main au « petit » Chêne, un grand garçon brun d'un mètre quatre-vingt-cinq, excellent cavalier, mordu de chasse, elle l'avait rencontré au courre du sanglier dans la forêt des Bois Verts.

Il venait d'ouvrir un cabinet commun avec son père. Le couple s'installait aux Marguerites. La place ne manquait pas. Pour l'instant les jeunes mariés occuperaient une chambre du second étage, mais des travaux étaient en cours, dans la partie qui était autrefois la nôtre, salle des exercices, chambre, même celle de la tante Louise qui déménageait de l'autre côté, pour leur permettre un appartement à leur goût où ils seraient chez eux.

La fête a été magnifique, m'a rapporté ensuite Thérèse. Le couple a quitté l'église dans une calèche. Eugénie portait une robe et un chapeau jaune canari comme une reine d'Angleterre. Il faisait presque trop chaud. Dans l'après-midi, ils ont relevé les bâches des deux côtés du chapiteau. L'air circulait autour des invités à table comme s'ils étaient dehors. Les Chêne n'avaient qu'une autre fille, déjà mariée, et ils n'avaient pas regardé à la dépense. Et puis l'écrin des Marguerites. Quand le noir est venu les petites lampes électriques d'un chemin de lumière se sont allumées dans l'herbe, du château au chapiteau.

Comment n'aurais-je pas été jalouse ?

Je n'ai pas pu m'empêcher de prendre le train au mois d'août et d'aller rôder autour des Marguerites. J'ai évité l'allée, me suis approchée à travers champs. Les drapeaux formaient encore un dais fané entre le tilleul et la porte du château. Je reconnaissais tout. Je retrouvais mes bruits, mes odeurs. J'étais chez moi. Mes buissons d'aubépine étaient garnis de boules rouges. Les ronces des haies étaient noires de mûres. J'ai vu mémé Georgette traverser la cour.

Je me suis fait souffrir, me suis glissée comme une voleuse. Je connaissais les passages, les niches. J'ai vu sur la prairie, derrière, les empreintes du chapiteau dans l'herbe grillée par l'été. Il n'y avait plus de vaches dans la pâture. Avec l'âge, Monmon réduisait son élevage. Au lieu des vaches, les deux chevaux alezans de Charlotte ont galopé vers moi à la barrière. Mademoiselle et Charlotte travaillaient maintenant à aménager les Marguerites en relais château et table d'hôtes.

J'ai fait le tour comme l'égaré rejoint l'oasis. Tout m'était douloureux et je crois que j'ai eu plaisir à faire saigner ma plaie. Je suis allée jusqu'à la Trézanne. J'ai marché sur le chemin blanc. Le tablier du pont était délabré, le lit de la rivière presque à sec. Mon pin parasol m'attendait sur le plateau. Il m'a semblé qu'il n'avait pas changé depuis ma première fois. J'ai cueilli trois ou quatre de ses aiguilles tièdes que j'ai sucées. Des fourmis montaient et descendaient sur l'écorce de l'arbre. L'envie m'a prise de le grimper. J'en étais encore capable. Je ne l'ai pas fait. Il faisait chaud. Les grillons attisaient le feu du ciel immense sur le plateau.

Je me suis cachée lorsque j'ai entendu une voiture dans l'allée, alors que je repartais. C'étaient eux, les Chêne. Je les ai à peine aperçus. Charlotte, à côté de son mari qui conduisait, souriait. Ses yeux brillaient, ils se parlaient. Ils étaient beaux, heureux. Je n'avais pas mangé. La tête me tournait. J'avais à peine mangé quelques mûres.

Je suis restée longtemps tapie, effondrée, derrière le tronc de chêne où je m'étais cachée, le nez dans les fougères. J'ai imaginé le glissement d'une vipère. Les trous des talus du bord de l'allée en étaient infestés autrefois. Monmon les chassait. Louise avait eu la peur de sa vie, un soir. Une vipère rouge étalée en travers du seuil de la cuisine était venue boire le lait dans l'assiette du chat. La vipère me mordrait. Je ne bougerais pas et je m'endormirais, là, personne ne me trouverait, à hanter éternellement les Marguerites. Le chien malade de Franz avait disparu comme ça. Il avait eu cette pudeur. Franz l'avait vu partir et l'avait appelé :

— Où t'en vas-tu ? Reviens !

Le chien s'était retourné, le regard triste. Quand Franz s'était inquiété de lui, il ne l'avait pas trouvé. Longtemps après, il avait déniché des os blancs enfoncés profond dans une haie.

Caroline, la fille de Charlotte, est née un an après la noce. Cette fois, j'ai reçu un carton que j'ai gardé, rue des Trois-Fours, où j'habitais toujours et profitais des générosités et des fêtes du maire d'Angoulême. Je portais des robes à fleurs impétueuses qui se jetaient à l'assaut de ma taille, je fumais trop, buvais pas mal, mangeais peu, me grattais les jambes et les bras, je souffrais d'eczéma, m'enduisais de pommade à la cortisone, je ne dormais pas assez. Tu brûles la chandelle, me reprochait la raisonnable Thérèse.

— Qu'est-ce que j'ai de mieux à faire ?

J'ai appelé les Marguerites. Une voix joyeuse et jeune, que je ne connaissais pas, m'a répondu.

— Ils ne sont pas là. Vous appelez le bon jour. C'est le baptême de Caroline. Ils sont tous partis à l'église. Je m'occupe de la cuisine et je garde le château. Qu'est-ce que vous voulez que je leur dise ? Je transmettrai la commission.

J'ai dit que je rappellerais.

23

Il a parlé du grain de blé porté en terre qui donne cent pour un

L'accident les a frappés comme un éclair d'orage dans un ciel tout bleu. Pierre et Jacqueline ont connu ce phénomène-là, comme si le diable avait surgi de l'enfer. Ils habitaient encore en face du jardin de la préfecture, ils n'avaient pas déménagé à Jard. On disait que Napoléon avait planté le grand cèdre bleu du jardin lors de l'inspection d'avancement des travaux de la ville. La tête de l'arbre se dressait maintenant plus haut que les toits d'ardoises des immeubles. Les jardiniers prenaient soin du cèdre comme d'un grand témoin de l'Histoire. Les enfants jouaient à l'ombre de ses branches. Pierre et Jacqueline n'étaient pas encore levés, ce dimanche matin-là de juin. En cette saison, ils dormaient fenêtres et volets ouverts sur la rue et la place. Jacqueline a dit qu'elle s'était rendormie. Tout d'un coup, ils ont été secoués par une explosion, comme si une bombe était tombée sur la maison. Les murs et le plancher ont vibré. Pierre a bondi de son lit.

— Tu as entendu ?

Ils n'entendaient plus rien. Le ciel était superbe. Il faisait grand jour. La rue, la place, le jardin avaient la même immobilité et la paix que les autres dimanches matin. Mais des volets s'ouvraient aux fenêtres voisines. Pierre a tourné le bouton électrique.

— Il n'y a plus de courant !

Ils sont allés dans la cuisine et la salle à manger. Rien n'avait bougé. Pierre est descendu dans l'étude.

— Viens voir !

Le comptoir électrique de la maison avait volé à travers le bureau et s'était volatilisé en miettes sur le plancher. Ils ont ouvert la porte sur la rue.

— Le cèdre ! a dit Pierre.

Où était-il passé ? Il n'y avait plus de cèdre. Le grand cèdre bleu avait disparu.

Des éclats de bois blanc avaient voltigé partout à travers le jardin et la rue, jusque sur les murs des immeubles. Les gens sortaient ébahis et contemplaient les débris. La foudre avait pulvérisé l'arbre. Ils n'imaginaient pas une telle énergie et s'interrogeaient, incrédules. Comment était-ce possible ? En un coup de tonnerre, un arbre géant, bicentenaire, aux branches énormes comme des troncs. L'éclair l'avait explosé et déchiqueté en lambeaux plus minces que des billes de bûcheron, giclés partout sur les pelouses et les allées du parc. Restait seulement la souche, comme un chicot, fendue, ouverte, béante et marquée par une traînée noire au milieu.

Une lumière céruléenne outrageante brillait dans le ciel du matin. Pas le moindre signe d'orage. L'événement se serait produit un jour de la semaine, les éclats auraient frappé les passants, nombreux à cette heure-là, et fait des victimes.

J'ai pensé à ce coup de tonnerre comme un avertissement au drame des Marguerites. Eugénie et Charlotte avaient maintenant scellé un panneau « Résidence de charme, table d'hôtes », à l'entrée de l'allée du château. Jeunes et vieux étaient mobilisés par cette nouvelle activité. Et ça marchait. Tout marchait. Les voyageurs venaient profiter du confort des Marguerites et goûter à la bonne cuisine de mémé Georgette.

La mère et la fille gouvernaient. Des tempêtes éclataient parfois parce que l'une et l'autre ne manquaient pas de caractère. Le charme de Charlotte jouait. Il est sûr que des voyageurs faisaient le détour pour elle. Elle en a profité, sans dépasser les limites.

— Sois tranquille, nénène, a-t-elle dit à Jacqueline qui s'était un peu rapprochée depuis la noce, je suis bien dans mon nid, Louise, Georgette, Monmon et ma petite Caroline me protègent !

Des nuages, pourtant, chargeaient parfois le ciel entre le jeune médecin et le reste de la tribu. Lui supportait mal le succès des Marguerites. Sans doute était-il un peu jaloux. Il s'emportait contre l'invasion des véhicules dans la cour du château, le soir, en rentrant de son cabinet. Il filait dans leur appartement sans saluer les hôtes. Il y voyait comme une tromperie. Il aurait voulu la paix. Il avait épousé la fille du château et les bonheurs d'une gentilhommière à l'écart des agitations de la ville et il se retrouvait dans les mouvements et les bruits d'un hôtel. Il reprochait à Charlotte son manque de disponibilité et, à Eugénie, Georgette, Louise, et même Victorine, de lui confisquer sa femme.

Charlotte aurait aimé un peu plus de loisirs, faire du cheval. Son mari l'abandonnait certains dimanches pour des chasses avec l'équipage des Bois-Verts. Elle s'offrait des séances de voltige à cru sans sangle ni étriers avec ses alezans dociles, par les fenêtres de l'hôtel les clients admiraient l'écuyère, elle prenait déjà sa fille en croupe et envisageait de proposer des cours de cette méthode douce pour familiariser les enfants à l'animal en espérant que, bientôt, Caroline en profiterait. Elle a décidé d'aller à la vente de chevaux d'agrément au haras de Saumur. Pourquoi n'a-t-elle pas attelé derrière sa voiture le van que François et elle utilisaient pour les chasses ? Elle a emprunté leur camion à des amis des Bois-Verts et a emmené Monmon et Ernest en balade avec elle.

Conduire le camion ne lui faisait pas peur. Ils se sont serrés tous les trois dans la cabine. Monmon serait de bon conseil pour choisir les chevaux. Elle recherchait des animaux sensibles, au dos suffisamment musclé pour la monte sans selle. C'était en novembre. La journée a été bonne. Ils ont acheté un hongre blanc et une jument frisonne qu'ils ont montés dans le camion. Ils étaient contents. Elle n'était jamais partie seule avec les deux hommes des Marguerites qui avaient plaisir à voir se retourner les visiteurs sur leur grande jolie petite en pantalon et bottes de cavalière. Quand ils sont repartis, le jour violaçait. Elle a allumé les phares.

Elle conduisait bien. Ils ont trouvé le brouillard à Vihiers, se sont arrêtés à Doué caresser les chevaux et vider le thermos de café. Elle n'a pas mis de gasoil. Il était tard. Elle a pensé qu'elle en avait assez pour rouler jusqu'aux Marguerites. Quand ils ont passé le moulin du Mont des Alouettes, elle a coupé le moteur pour économiser le carburant. Le camion a entamé la descente en roue libre.

Après le premier grand virage, il a pris de la vitesse.

— Les freins de ce camion ne sont pas terribles.

Ils cognaient un peu, comme s'ils avaient brouté les disques. La pente s'accentue après la statue de la Sainte Vierge. Le camion a accéléré.

Ils croisaient le carrefour du chemin de Bellevue lorsqu'ils ont entendu un couinement aigu et un claquement sec, comme un pet.

— Il ne freine plus, a dit Charlotte et, en criant : Je n'ai plus de freins !

Ils l'ont entendue presser plusieurs fois la pédale.

— Je vais remettre en route et utiliser le frein moteur.

La route descend tout droit ensuite. Le camion dévalait. Charlotte tenait bon le volant. Quelques autos montaient. Elle a tourné la clé. Mais le moteur a refusé de partir.

Elle a insisté. Rien.

— Bon sang !

Ils passaient la route de Massabielle. Ils arrivaient aux premières maisons des Herbiers.

La pente est moins vive, mais le camion dévalait de plus belle, la masse des chevaux poussait à l'arrière et accentuait l'élan.

— Merde ! Merde !

Le moteur refusait de démarrer.

— Mets la troisième !

Elle a empoigné le levier de vitesse, s'est dressée sur la pédale d'embrayage.

— Je n'y arrive pas.

Ils étaient maintenant dans le bourg. Les trottoirs étaient déserts. Le camion fou dégringolait à tombeau ouvert.

Monmon a cramponné le levier de vitesse avec elle.

— Appuie ! Vas-y !

C'était trop tard.

La vitrine de l'horlogerie-bijouterie Liaigre se dressait en face de la descente. Charlotte savait qu'elle ne pourrait pas prendre le tournant de la rue transversale. Elle a hurlé :

— Protégez-vous !

Le camion a explosé la vitrine, défoncé le comptoir et la cloison de briques du fond du magasin, il a fini sa course aplati contre le granit du mur de l'arrière-boutique.

Il n'y avait personne dans la bijouterie, fermée à cette heure. L'appartement des bijoutiers était au-dessus du magasin. Les Liaigre ont dit qu'ils ont cru, eux aussi, qu'une bombe était tombée sur la maison. Quand ils ont ouvert la porte sur le palier de l'escalier de bois explosé, le silence les a impressionnés, puis ils ont senti l'odeur de poussière, de gasoil. Et l'odeur du sang.

La cabine n'était plus qu'une compression de tôles broyées, les chevaux morts se vidaient entre les montres, les pendules, les bagues et les colliers. Charlotte et Monmon ont été tués sur le coup. Ernest a été le seul survivant et c'est lui qui a raconté ce qui s'est passé. Il avait pris, ce jour-là, sa canadienne de cuir. Lorsque Charlotte a crié « Protégez-vous ! », il a enveloppé sa tête et sa poitrine dans la canadienne. Ses deux jambes et son bassin ont été fracturés. Les pompiers ont mis deux heures à le désincarcérer.

Je portais alors une blouse blanche aux thermes de Saint-Honoré-les-Bains où j'aidais aux soins des curistes. Jacqueline a réussi à me joindre pour l'enterrement. Elle m'a dit qu'elle était allée aux Marguerites avec Pierre. Le château était devenu un tombeau. Les visiteurs entraient et sortaient en silence. Les deux cercueils étaient exposés côte à côte dans la salle à manger, fermés, parce que les corps n'étaient pas montrables.

Quoi dire dans ces moments-là ? Il n'y a pas de mots. Se taire. Etre là. Embrasser, peut-être.

Est-ce qu'Eugénie s'est aperçue que Jacqueline et Pierre l'embrassaient ? Elle était effondrée, immobile, en noir déjà, pâle comme un spectre dans la salle à manger aux volets clos. Ils avaient apporté des fleurs dans la voiture. La salle à manger était nue, éclairée par l'ampoule jaune de la lampe sur pied. Le grand miroir, la table avaient été enlevés. Les cercueils avaient pris la place, le bénitier d'argent du curé devant, les chaises alignées autour.

— Ni fleurs, ni couronnes, a gémi Georgette quand ils l'ont embrassée.

Et puis :

— Monmon, encore, il avait vécu, mais notre petite, elle commençait...

François Chêne croisait les bras, isolé entre le mur et le coin du buffet, il a dit que Caroline était chez ses parents.

— Mais elle a cinq ans, elle a compris.

Charlotte avait galopé avec Jacqueline, huit jours plus tôt. Elle y allait, comme elle y allait ! dans une culotte de cheval blanche. Et Monmon était la crème des hommes.

Louise a accompagné Pierre et Jacqueline quand ils sont sortis.

— Mes pauvres enfants, on était trop bien !

Je me suis glissée près d'eux dans l'église bondée, le matin de l'enterrement. Nous étions dans le banc derrière Louise, Georgette et Eugénie qui étaient entrées en se tenant par le bras. J'ai embrassé marraine et soufflé bêtement dans un sanglot :

— C'était ma petite sœur.

Les cercueils étaient alignés au milieu de l'allée devant le chœur. Une photo du jour du mariage était posée sur les deux. Le grand-père et sa petite fille s'y souriaient, tempe contre tempe, complices, elle dans sa robe blanche, le voile dans les cheveux, lui cravaté, tête nue, crâne d'obus, comme il disait en plaisantant de sa calvitie. L'abbé Sarrazin concélébrait. Il a prononcé l'homélie. Il a parlé du grain de blé porté en terre qui donne cent pour un, mais sa gorge s'est étranglée.

Les gens ont défilé pour ce qu'on appelait autrefois l'offrande, qui est le moment de l'adieu. Le défilé a duré longtemps. Les hommes et les femmes touchaient le bois des cercueils. Quelques-uns embrassaient François Chêne ou Eugénie. Toute la population du vieux village de Saint-André était là. J'en ai reconnu quelques-uns que je n'avais pas revus depuis que j'avais quitté l'école. Il y avait aussi les vieux amis de Monmon, en larmes.

Eugénie se laissait embrasser sans réagir, absente, la peau cireuse, des cernes noirs, vieille soudain, presque autant que sa mère et sa tante. Le ciel de novembre était cendreux quand nous sommes sortis. Les porteurs chargeaient les cercueils dans les fourgons. Je l'ai vue se retourner, hagarde, vers Jacqueline.

— Tu crois que j'ai été punie ?

Jacqueline, surprise, a répondu :

— De quoi ?

Et après :

— On l'est toujours, un jour.

Ça s'est mal passé, ensuite, aux Marguerites. François Chêne a déménagé du château avec Caroline au printemps suivant. Son départ était prévisible. Sans Charlotte, il n'était plus vraiment chez lui, là-bas. Sans Monmon, il se retrouvait dans un univers de femmes.

Mais le père et la fille se sont sauvés au bout du monde. Charlotte et lui étaient déjà partis au Cambodge travailler dans un camp de réfugiés à la frontière thaïlandaise, pendant leurs vacances. Il a quitté le cabinet de son père et choisi de soigner, là-bas, avec les humanitaires.

Eugénie a cru qu'il allait lui confier Caroline. Le départ de son gendre ne lui déplaisait pas. Il la soulageait et lui ouvrait peut-être des perspectives. Elle était assez jeune encore. Je crois qu'elle s'est imaginé repartir et consacrer l'énergie qui lui restait à reconstruire avec sa petite-fille ce qu'elle avait entrepris avec Charlotte. Quand elle a compris qu'il voulait emmener Caroline avec lui, elle a perdu la tête. Elle est allée partout, elle a appelé à l'aide, hurlé, pleuré, supplié, prié, elle s'est battue comme elle en était capable. Après la mère, elle ne supportait pas de perdre la fille qu'elle appelait Caro.

— Sauvez-la ! Sauvez Caro ! Ce monstre veut m'empêcher de voir ma petite-fille !

A sa manière, François Chêne l'a aidée à rester vivante, en l'empêchant d'être tournée vers le passé. Elle a pleuré partout, pleuré vraiment, à Saint-André, chez le boulanger, le boucher, au supermarché, en ville, son gendre lui volait sa petite. Elle a payé un avocat, écrit au préfet. Elle a plaidé qu'elle avait élevé des enfants de l'Assistance et adopté Charlotte. A la douleur du décès de sa fille chérie, ce François Chêne, son gendre ingrat, ajoutait l'enlèvement de sa petite-fille.

— Il ne l'enlève pas, madame, l'a corrigée le directeur de cabinet du préfet, c'est sa fille.

— Il l'emmène dans ce pays de sauvages, où la guerre n'est pas finie, les Khmers rouges sont toujours en place, la petite attrapera je ne sais quelle maladie et ne pourra pas aller à l'école.

— Nous allons vérifier tout ça. Des garanties sont nécessaires, vous avez raison. Je comprends votre chagrin, mais c'est sa fille !

— Caroline sera mieux aux Marguerites, il pourra venir la voir et même la prendre avec lui à chaque fois qu'il reviendra en France, s'il veut s'en aller, nous sommes assez nombreuses pour nous occuper de la petite, nous avons l'habitude des enfants.

Les parents Chêne ne prenaient pas parti dans la querelle. Mademoiselle Eugénie ne savait pas que j'avais montré mon dos à l'assistante sociale et que les maltraitances étaient inscrites dans son dossier. Elle a perdu. François Chêne avait l'appui des missionnaires des Missions étrangères de Paris qu'il avait côtoyés dans les camps. Le père et la fille se sont envolés pour Phnom Penh. C'était vrai qu'emmener une gamine de cinq ans dans un pays à peine sorti de onze années d'un génocide atroce n'était pas sans risques. Mais François Chêne n'était pas un aventurier, encore moins une tête brûlée. Charlotte et lui s'étaient juré de revenir un jour sur cette terre où les larges sourires retiennent l'eau des larmes. En partant là-bas, il honorait une promesse et espérait guérir du mal de l'absente. L'Alliance française avait rouvert à Phnom Penh en 1991 et l'Ecole internationale française avait repris ses cours. L'ambassade de France était en reconstruction.

Je n'ai pas été surprise qu'Eugénie ne s'avoue pas vaincue. Elle n'en a parlé à personne, mais elle s'est préparée au voyage.

Elle est partie au Cambodge en 1998 et en est revenue amaigrie, après trois semaines, abattue et accablée par les moiteurs de la mousson. Elle imaginait encore séduire Caroline et la ramener dans ses bagages.

Elle n'avait pas lâché sa petite-fille depuis son départ, lui écrivait de longues lettres et l'épuisait à trop l'aimer. Elle a débarqué à l'aéroport les valises remplies de cadeaux. La petite a été gentille, Eugénie l'a reconnu, en un peu plus de deux ans elle avait beaucoup grandi, elle avait huit ans, elle s'était adaptée comme en sont capables les enfants, elle avait pris le pli du pays du sourire.

Elle a remercié sa grand-mère et lui a dit qu'elle ne manquait de rien, elle n'avait pas besoin de tout ça.

— C'est comme ça qu'elle m'a dit merci ! a dit Eugénie blessée.

François Chêne avait sa maison boulevard Norodom. Son dispensaire, face à la poste centrale, ne désemplissait pas, jour et nuit. Caroline s'entendait bien avec la jolie Khmère qui tenait la maison et partageait la chambre de son père. Elle parlait le khmer avec la jeune femme et la grand-mère était exclue de leurs paroles et de leurs rires.

— Elle m'a reproché de trop lui dire que je l'aimais !

Elle était grande pour son âge, poussée en asperge comme sa mère et ses tantes. Une cour d'amies l'entourait à l'école. Le soleil des tropiques la rendait plus blonde encore que Charlotte dans ce pays de cheveux noir corbeau. Les gens se retournaient pour regarder cette rareté aux yeux myosotis et les Cambodgiennes superstitieuses, au marché, tendaient la main pour toucher, comme un porte-bonheur, ses cheveux de lin. Caroline souriante laissait faire, fière d'être douée peut-être d'un don mystérieux. La grand-mère lui disait de se méfier, les mains n'étaient pas propres, sa petite-fille n'était pas un jouet !

Eugénie ne supportait pas que Caroline lui rappelle que ce pays avait été la perle de l'Orient. La misère était partout dans les rues, des culs-de-jatte amputés par les mines tendaient la main sur les trottoirs, des nuées de gosses sans famille aux culottes crasseuses et trouées couraient après elles quand elles sortaient.

— Ouvre les yeux. Regarde autour de toi, la reprenait Eugénie, ils ont fait du Cambodge un enfer.

— Papa travaille pour qu'il redevienne comme avant.

Eugénie n'aimait pas que Caroline admire à ce point cet homme, qui vivait avec une congaï (c'était le mot qu'elle employait) et avait pourtant accepté de l'héberger pendant son séjour à Phnom Penh.

— Il a du boulot pour y arriver !

— Grand-mère, il est là pour ça.

Elle lui rappelait sans cesse les bonheurs des Marguerites, la cuisine de Georgette, l'étable de Monmon, le cheval avec sa maman dans la pâture.

— N'oublie pas ta maman !

— Je ne l'oublie pas. Je récite ma prière tous les soirs. Je parle avec elle.

— Qu'est-ce qu'elle te dit ?

— Travaille bien, sois gentille. On se raconte des histoires.

Caroline souriait, heureuse. Elle n'avait pas besoin de sa grand-mère. Eugénie aurait aimé qu'elle soit un peu malheureuse.

Elles ont gravi ensemble la colline du Phnom et Caroline s'est agenouillée, les mains jointes, sur les marches du petit temple bouddhiste. Eugénie a payé l'offrande de fleurs et de fruits au moine en robe safran, et c'est en regardant la ville meurtrie, l'esplanade de ruines où se dressait autrefois la cathédrale, appuyées à la balustrade du point de vue, dans le parfum des orangers en fleur, que la fillette a dit à sa grand-mère :

— Je ne viendrai pas habiter aux Marguerites...

Le Cambodge, peut-être le manque de sa maman la faisaient parler parfois comme une grande.

— Je sais que tu voudrais que je vienne. Ça n'est pas possible. Je suis bien avec papa. Je pleurerais si je partais. Je viendrai, un jour, dans longtemps, quand je serai grande.

Eugénie a quitté Phnom Penh avec de la fièvre, elle qui n'était jamais malade. Dans l'avion, elle a récapitulé sa débâcle. Elle a dit à Jacqueline venue la visiter à son retour de voyage, elles prenaient un café avec Georgette, dans la cuisine :

— On va continuer. Qu'est-ce qu'on peut faire d'autre, nous autres ?

Elle a quitté la table. Elle est allée à l'alignement de sachets de grains noirs sur la crédence du vaisselier. Elle en a posé un à côté de la tasse de Jacqueline.

— Ils produisent là-bas du poivre qui n'a rien à voir avec celui qu'on achète ici. Vous le goûterez. Ils ont au moins ça de bon.

24

Le vide-grenier de Cendrillon

J'ai reçu un carton par la poste, il y a quelques semaines, une invitation au vernissage d'une installation artistique de Caroline Chêne au port du Bec, à l'Epoids, commune de Beauvoir-sur-Mer. J'ai retourné le carton qui ne portait aucune inscription manuscrite. L'adresse était dactylographiée. Plus que le nom de Caroline, c'est celui de l'installation qui m'a intriguée, il annonçait « Le vide-grenier de Cendrillon ».

J'ai pensé d'abord : Je n'irai pas. J'ai failli déchirer le carton. Caroline est devenue déjà, à moins de trente ans, ce qu'on appelle aujourd'hui une « plasticienne » au talent prometteur. J'ai lu dans un magazine, sans comprendre ce que ça veut dire, qu'elle était une artiste « conceptuelle ». Elle a exposé en Asie d'abord, Hong Kong, Shanghai, Singapour, et maintenant à Venise, à Grasse l'été dernier. Thérèse qui sait tout m'a appris que notre nièce artiste avait acheté quelque chose chez nous, sur la côte, une cabane de pêcheur à Beauvoir, c'est pour ça qu'elle expose là-bas. J'étais curieuse de voir la fille de Charlotte mais je n'avais pas envie d'aller à son vernissage. Pour quoi faire ? Elle ne m'avait donné aucun signe de vie, si elle était de retour ici. Qui m'avait adressé le carton ? Mais Cendrillon m'intriguait. J'ai demandé à Thérèse :

— Tu te souviens de Cendrillon ?

Elle a répondu :

— Berlingot, ho, ho !

— Tu as parlé à Caroline, un jour, de Cendrillon ?

Thérèse est la marraine de Caroline.

— Sans doute, elle m'a posé plein de questions.

Je suis revenue, il y a cinq ans, dans la petite maison de cheminot que l'oncle africain, Marcel, nous a léguée près de la gare. Mes sœurs ont eu la générosité de me la laisser sans contrepartie. Je n'ai pas touché aux meubles de l'oncle, j'ai l'habitude de me glisser dans les affaires des autres. Ses statuettes en bois d'ébène n'ont pas bougé sur le buffet, ses masques africains sont accrochés au mur de l'escalier. Quand je sors, je me coiffe parfois de son chapeau de brousse au cuir huilé. J'ai des voisins discrets, un jardin minuscule dans la courette où pousse un pêcher. Les rameaux d'une treille s'étirent sur le mur. Je vis de pas grand-chose : ma retraite toute petite au terme d'une carrière pleine de trous et pas mal d'emplois non déclarés, et quelques allocations complémentaires. Je conduis ma Twingo rouge en regardant à l'essence. Je ne vais pas loin. Je tourne dans le département. Guérit-on jamais de son enfance ? J'ai au-dessus de la tête l'épée de Damoclès d'une maladie du sang qui m'oblige à des transfusions régulières.

— Pas étonnant qu'il faille renouveler mon sang, ai-je plaisanté avec le médecin, je me suis fait du mauvais sang toute ma vie !

Ma voiture connaît la route de Beauvoir. Quatre ou cinq fois chaque année, hors saison, les touristes partis, je pêche des palourdes sur le Gois, aux grandes marées, quand la mer découvre les vases au-delà des parcs à huîtres. Ces quelques heures à fouiller les vases et le sable, accroupie les mains dans l'eau, me rappellent Esnandes et me font un bien fou. Je respire le bon air. Je suis ailleurs. Les palourdes sont nichées à fleur de sable au-dessus des terres noires. Ma sœur Monique me dit qu'elle en trouve aussi au Cap Cod, et que la pêche à la palourde l'aide à soigner ses cancers. Il n'y a que Thérèse qui ait été épargnée par la maladie. Elle ne vieillit pas. Elle mène une vie épanouie entre son mari et ses enfants. On n'est pas tous égaux devant la maladie. Je fume encore un peu. J'ai parfois le teint jaune et froissé d'un vieux parchemin quand mon sang fait des siennes et les couleurs reviennent après la transfusion. Ma tignasse est devenue cassante, gris souris. Les photos d'autrefois me montrent que nous avons été belles toutes les quatre, plus ou moins, mais quand on est jeune, on ne s'aime pas, on se reproche toujours quelque chose. C'est drôle, maintenant, alors que le parcours est bien avancé, je n'ai aucune envie de mourir. Je veux vivre. Mes colères ont ranci, elles ressemblent à de la sagesse. Quelquefois, pourtant, le naturel revient. Je crie, toute seule.

Thérèse m'a proposé de passer me prendre pour m'emmener au port du Bec. J'ai refusé. Elle fait le voyage de son Pays basque avec son mari et une de ses filles. Ils dormiront sur la côte. J'ai invité des amies et, finalement, j'y vais seule. Le vernissage a lieu à six heures.

Je rentrerai quand je voudrai. J'ai sorti la Twingo qui a besoin de rouler. J'en ai pour une heure de route. Je ne conduis pas comme une folle.

J'aime cette route presque rectiligne vers l'océan et, après, les îles de Noirmoutier et Yeu. Insensiblement, à mesure qu'on avance, le paysage change, le bocage se rétrécit, le vent salé réduit les arbres, les ploie, la lumière devient plus crue, on entre dans le marais breton. L'Epoids est un hameau de Beauvoir, au bout du bout, à toucher le Gois, le passage qui se découvre à marée basse et mène à Noirmoutier. Son port est le port du Bec, qu'on a baptisé aussi « le port chinois », parce que les pêcheurs y enfoncent dans les vases les longues perches en châtaignier des passerelles qui hérissent le chenal où ils amarrent leurs bateaux. Les cabanes d'ostréiculteurs s'alignent au bord jusqu'à la digue face à la mer et quelques constructions sur pilotis au-dessus de l'eau pour la pêche au carrelet à marée haute. Ce serait une de celles-là que Caroline aurait achetée et aménagée.

Mademoiselle sera là. Jacqueline m'a dit au téléphone qu'elles viendraient ensemble. Je suis allée frapper aux Marguerites presque aussitôt mon retour dans la maison de l'oncle Marcel. Ç'a été plus fort que moi. Qu'est-ce que j'espérais ? Qu'est-ce que j'attendais ? Mademoiselle Eugénie vit maintenant dans son grand château toute seule. Tante Louise, mémé Georgette, l'abbé, Victorine et Ernest s'en sont allés les uns après les autres. Ernest, qui boitait bas après les raccommodages de l'accident, a été le dernier à « refermer son parapluie », comme disait Louise. Mais les Marguerites ne sont pas devenues un désert pour autant. Eugénie ne mène pas une vie de recluse. Elle voit du monde. Des locataires occupent la maison habitée autrefois par Victorine et Ernest. Elle loue aussi l'appartement aménagé pour Charlotte et François. Elle a tenu sa promesse. Le château que j'ai connu n'a pas changé, elle l'a gardé en bon état. Elle conduisait encore quand je suis venue la voir. Aujourd'hui, elle a passé le volant à son jardinier, homme à tout faire, qui la sort quand elle a besoin. C'est lui qui va l'emmener à l'Epoids avec Jacqueline. Elle a toujours su s'entourer des gens dont elle avait besoin. Qu'est-ce que nous étions d'autre, au bout du compte, nous les trois sœurs ?

Elle m'a ouvert, quand j'ai frappé, cœur battant, à la porte des Marguerites. Elle ne m'a pas reçue au-delà des marches de l'entrée. Elle m'a souri avec la douceur ferme dont elle est capable et m'a demandé en tirant la porte derrière elle :

— C'est toi, Jeanne ?

J'ai failli tendre le pied pour bloquer le battant. J'apercevais les globes de verre et de cuivre du lustre au-dessus du carrelage noir et blanc du vestibule. Mes mains étaient moites. Elle se tenait droite encore dans une robe à fleurs. Son chignon gris était impeccable. Elle avait un peu maigri. Elle est de ces natures qui s'assèchent en vieillissant. Un trait de crayon noircissait ses sourcils. Je lui ai dit que je m'installais dans la maison de l'oncle.

Tout de suite, elle m'a parlé d'elle et de sa petite-fille qui lui manquait. Elle a soupiré.

— Si j'entretiens tout ça, c'est pour elle. Tu comprends ?

Je retrouvais les éclairs dans ses prunelles à peine ternies. Elle me regardait en coin, me prenait à témoin, sur le point de refermer encore. Elle m'a dit qu'elle louait aussi les granges, les étables et les écuries et que ça l'aidait à conserver tout ça. Je sentais enfler la houle palpitante au fond de ma gorge. Elle a soupiré encore.

— A quoi bon ?

A quoi bon quoi ? Lutter ? Elle voulait que je la plaigne ? A quoi bon ma présence ? Elle me chassait ? Je me suis sentie rapetisser, redevenir la Cendrillon de l'Assistance placée chez mademoiselle Eugénie Martin, mais je n'ai pas bougé. Nous sommes restées comme ça, un moment, face à face, silencieuses, les yeux dans les yeux. Ses yeux vert et marron.

Elle m'a quand même demandé :

— Ça va, toi ?

Elle a ajouté :

— On a chacun notre lot.

Elle repoussait la porte. Elle a dit :

— On a abattu le tilleul. Tu l'avais remarqué ? Il était devenu trop grand, trop gros. Il faisait trop d'ombre. Il occupait toute la cour.

J'ai descendu les trois marches du perron. J'ai reconnu le claquement du pêne quand elle a fermé la porte dans mon dos.

J'ai été mal, après. Je me suis débattue avec la cage dans ma poitrine. Je l'ai portée pendant plusieurs jours. Je ne me médicamente plus comme avant avec des traitements qui m'assommaient. Je me demande si j'ai raison de faire ce voyage. Nous risquons de brasser nos vieilles scories. Je paierai la facture après.

« Le vide-grenier de Cendrillon ». Maman m'est revenue dans mon sommeil depuis le carton de Caroline, elle m'a parlé, nous étions dans sa maison d'Ecquebouille, et nous nous sommes retrouvées à travers champs sur un chemin qui ressemblait à l'allée des Marguerites. Elle venait vers moi, auréolée de lumière, je m'adressais à elle, mais elle ne semblait pas entendre. Quand elle a été tout près, j'ai vu qu'elle me souriait, elle avait perdu ce regard effrayé que nous lui connaissions. Elle m'a tendu les mains. J'ai couru vers elle, j'étouffais de joie, nos doigts se frôlaient, je voulais me jeter dans ses bras, mais elle restait toujours à la même distance, elle ne reculait pas pourtant, je courais, je courais, je tendais les bras et je n'y arrivais pas.

Je pense, en conduisant, à la Loulotte blonde et frisée que j'ai tirée de son berceau et qui fixait sur moi ses yeux bleus mouillés. Je retrouve celle de deux ans, cinq, l'adolescente, et la jolie princesse au bonnet de fourrure blanche, la mémoire est un animal qui galope et ne s'arrête jamais. J'ai gardé ça, la mémoire, la vie ne me l'a pas rabotée. Je n'en veux pas à ma petite sœur de s'être servie et de nous avoir ignorées. Qu'est-ce que j'aurais fait à sa place ? Je parle avec elle. Je ressasse, comme dit Thérèse. Dans le paradis où elle est partie, j'espère que Charlotte m'entend. Je lui dis :

— Il y a quand même une chose que je n'arrive pas à digérer, petite sœur, c'est le souvenir de toi dans la voiture, les matins d'école. Tu es là, tu nous fais coucou derrière la vitre, tu agites la main. Mais ce qui me fait toujours mal, c'est que, très vite, tu n'as plus été triste, tu as retrouvé ton regard normal, tu as cessé de rougir, tu nous regardais, tu étais assise, nous marchions à pied avec nos lourds cartables, vous nous dépassiez, tu ne te retournais pas, c'était devenu ordinaire, le flot de la vie banale.

Autrefois, Charlotte rougissait pour rien. A la plus petite contrariété, au moindre plaisir, sa peau claire s'empourprait, elle devenait écarlate. Ça lui remontait par le cou, le menton, les joues, jusqu'au front, les oreilles. Nous l'embêtions avec ça.

— Tu rougis ! Tu rougis !

Elle essayait de résister, disait que non, son petit menton tremblait et, peu à peu, malgré elle, le rouge venait. Elle se mettait à pleurer. Mademoiselle accourait. C'était nous qui prenions.

Je comprends qu'elle a souffert, elle aussi. Sa position n'était pas facile. Quoi que je dise, Eugénie a été sa mère. Charlotte était chez elle au château. Elle y est venue dans son berceau. Mademoiselle nous a prises parce qu'elle avait besoin de nous, nous apportions de la vie, l'argent de l'Assistance, nous lui offrions une vitrine respectable et généreuse, une famille, elle qui n'était pas mariée, qui n'avait pas d'enfant, qui avait la chambre de l'abbé à côté de la sienne. Elle a fait son marché avec nous. Elle a choisi Charlotte. Sans elle, elle aurait peut-être pris Thérèse, plus facile. Moi, pas question. Mon passé était trop lourd. J'étais trop dure, trop hérisson. Monique, hum, trop compliquée. La médium que j'ai consultée m'a dit que je serais guérie le jour où je saurais accepter mon passé. Je n'en suis encore pas là.

Mademoiselle s'est mise en colère contre nous, un dimanche après-midi. Nous étions descendues pêcher à la rivière, il avait plu et nous avons enfoncé dans la boue. Nous sommes remontées au château, moi surtout, moi toujours, les chaussures et les chaussettes blanches maculées de boue. Elle a crié, furieuse : « Vous êtes comme votre mère ! Vous ne ferez rien de votre vie ! ».

J'ai appelé Monique à New York pour l'informer de l'Epoids. Elle m'a encouragée à y aller.

— Si tu n'y vas pas, tu le regretteras !

Et elle m'a récité aussitôt par cœur l'ultime phrase de notre livre de Cendrillon : « Il fit asseoir Cendrillon, et approchant la pantoufle de son petit pied, il vit qu'elle y entrait sans peine, et qu'elle y entrait comme de cire... » Cendrillon m'a décidée à faire le voyage.

La route sinueuse du port du Bec se trouve à droite dans le bourg de Beauvoir. Une file de voitures s'y engage. Les marais salants sont presque à sec en ce milieu de septembre, la récolte arrive à son terme, les pyramides de sel attendent sous des bâches à côté des cabanes des sauniers. Je ne sais pas où je vais stationner, s'il y a du monde comme ça. Nous entrons au pas dans le hameau et j'oblique brusquement dans la rue qui se perd dans les marais. Deux ânes paissent près du tamaris où je stationne ma voiture. L'air sent bon l'océan. Je murmure aux ânes les mots de Francis Jammes, « Prière pour aller au paradis avec les ânes ». La lumière, ce soir, est comme un ciré jaune de marin luisant de paquets de mer. Les convois de nuages s'étirent et filent, poussés par le vent. Les branches des tamaris se giflent comme des gens en colère. Dans quelques jours les grandes marées d'équinoxe. J'aime cet air qui fouette. Le port du Bec est au-delà, à la sortie de l'Epoids. J'ai bien fait de quitter la file. Les gens se rangent comme ils peuvent. La mer est haute, le chenal plein. Les bateaux amarrés aux pieux se balancent à hauteur des pontons. Le port du Bec est beau aussi à marée basse, quand les bateaux se collent aux vases noires et qu'il ne reste plus qu'un filet d'eau au milieu du chenal.

Caroline a investi le terre-plein et le hangar de réparation des bateaux face au port. Elle a repeint en noir les tôles vertes avant et laissé devant le vieux tracteur Renault, couleur de rouille, qui sert à tirer les plates du chenal. Mais à côté se dresse sur un socle une statue de résine bleue, lisse et brillante comme le verre dans l'or du soir. On dirait, c'est elle, une copie en grand de la célèbre danseuse de Degas. L'adolescente cambre les reins, menton levé, pied en avant, les bras derrière le dos, le justaucorps, le tutu, mais elle est nu-pieds, ses chaussons de danse se balancent dans ses mains jointes derrière son dos. Les gens sont en grappe autour et s'interrogent à voix basse.

— C'est Cendrillon ? Ses chaussons de danse sont ses pantoufles de vair ?

Ils rient.

— Quelle drôle d'idée !

Je ris aussi. Le moulage bleu charrette scintille aux raies dorées du couchant, l'ovale du visage, les épaules enfantines. Qu'est-ce que Caroline a voulu dire ? Je suis le flot des invités qui entrent dans le hangar rempli de petits arbres aux couleurs d'automne et de printemps plantés dans des bidons de gas oil. Les mêmes danseuses de Degas, une dizaine, y sont debout à ras du sol, comme égarées dans une forêt. Les gens circulent autour et s'approchent de la fresque qui couvre les parois du hangar. Elle a appelé ça « Le vide-grenier de Cendrillon ». Sur la fresque, il y a un grand chêne dénudé comme un arbre généalogique. Thérèse est là avec son mari. Nous nous embrassons. Le visage de ma sœur sent l'huile de jojoba dont elle apprécie depuis longtemps les vertus hydratantes et qui lui conserve un visage presque sans rides. Il y a quelques mois que nous ne nous sommes vues. Elle est habillée classique, tailleur clair, rose à lèvres, cheveux teints coupés court. Moi, j'ai mis un tee-shirt blanc sur mon pantalon de coton noir et mon éternelle veste de lin qui poche, mes cheveux grisonnants remontés en vague chignon.

— Tu comprends quelque chose ?

Ma sœur sourit.

— Elle va nous expliquer !

Elle montre la grande fille blonde qui sort de la forêt de bidons.

— Caroline ?

Thérèse hoche la tête. Je murmure :

— C'est Charlotte !

Thérèse sourit.

— Non, c'est Caro.

La houle enfle dans ma gorge. Je ne peux m'empêcher de lui dire, alors qu'elle arrive jusqu'à nous :

— C'est fou ce que tu ressembles à ta maman !

Un léger sourire palpite dans ses fossettes.

— Je suis ta tante Jeanne.

Ses yeux bleus brillent.

— Je sais.

Elle est plus grande que moi, elle se penche pour m'embrasser. Je palpe sa tunique blanche :

— Tu aimes le lin, toi aussi, mais le tien se tient mieux que le mien.

Elle est belle comme un soleil, vêtue de blanc, de la tête aux pieds, les jambes dans un pantalon fourreau. Je l'interroge sur la fresque :

— Je pensais que tu avais vidé nos vieux tiroirs !

Elle sourit.

— C'est ce que j'ai essayé de faire.

Les officiels la cernent. Elle parle vite.

— Ma Cendrillon est-elle jolie ?

Nous hochons la tête.

— Pourquoi la petite danseuse de Degas ?

— Cendrillon était invitée au bal.

Elle rit. La bousculade des officiels l'emporte. Elle se retourne.

— Je suis contente que vous soyez venues.

Elle est la reine. Sa crinière blonde flotte sur ses épaules. Les photographes ne la lâchent pas. Je pense : Est-ce parce que j'ai mal connu Charlotte au même âge que la ressemblance me trouble à ce point ? Je murmure à Thérèse :

— C'est incroyable que de notre pauvre petite maman soit sortie une artiste comme ça !

— Pas tout à fait, me corrige-t-elle, Caroline n'est que sa petite-fille.

— C'est vrai, il y a eu les brouillons !

— Ne dis pas ça !

La fresque, brossée à grandes taches de couleurs, déborde de citrouilles, comme dans le conte. Au milieu d'une clairière, la tour carrée et pointue d'un château, on dirait les Marguerites, plus loin, dans un puits de lumière, un escalier, tapis rouge, ailleurs, il faut chercher, ça n'est pas forcément bien gros, c'est noyé dans les explosions de peinture, Caroline a le dessin pour elle, sur l'herbe verte, une nappe, des assiettes, des verres, et au milieu sur un plat, un gâteau long, l'alise de mémé Georgette ! Elle promettait un vide-grenier. Elle n'a pas menti.

— Elle raconte notre histoire, chuchote Thérèse, émue.

— Comment a-t-elle retrouvé tout ça ? Elle était petite quand elle est partie.

— Elle m'a téléphoné plusieurs fois. Elle voulait que je lui raconte.

— Tu as bien raconté.

Au bout de la fresque, dans l'angle, en bas, comme pour la fermer, l'épave rouge d'un camion broyé, la tôle tordue, les éclats de verre brisé, la tête d'un cheval coupée.

— Ce n'est pas notre histoire, c'est la sienne qu'elle raconte.

Nous nous éloignons quand commencent les discours sur la place. Nous nous asseyons sur un banc face au port. La mer baisse et commence à découvrir les premières vases, les courtes vagues clapotent contre les pilotis.

— Tu te souviens de l'odeur des douves en été ?

— Les vases n'étaient pas les mêmes qu'ici, les canards y avaient barboté.

— Et chié !

On rit. Je prends ma sœur par le cou, l'embrasse. Le soleil disparaît derrière la digue, le ciel flamboie et gicle sur le parapet de béton, un nuage étire ses volutes de fumée aux contours orangés. La danseuse sur son piédestal prend des reflets violets. Je sors mon paquet de cigarettes.

— Est-ce que ça te dérange ?

— C'est toi que ça dérange.

J'allume avec mon briquet. Elle remarque mon tremblement. Depuis mes quinze ans, la plus petite émotion agite mes mains. Alors ce soir... Je garde ma cigarette à la bouche et presse mes doigts l'un contre l'autre.

— Tu te souviens du grand-père Remaud de la Trézanne ? murmure-t-elle. Un jour, il nous a fait sniffer son tabac à priser !

Elle se souvient de ça. Pas moi.

— Tu ne te souviens pas de sa tabatière en bois de cormier ?

Elle rit.

— Tu étais là, pourtant. Tu as sniffé. On a éternué. C'était dégoûtant. On en avait plein le nez.

Elle fourre sa main entre les miennes. Thérèse a été très tactile avec Monique. Elle ne la lâchait pas. Elle le faisait pour notre sœur, mais aussi pour elle, comme pour se blottir, par réflexe de sécurité. Je dis :

— Ce vide-grenier est une folie !

— C'est normal, Caroline a de qui tenir !

Nous rions.

Ma sœur a les mains moins épaisses que les miennes, les doigts plus longs. J'ai plaisir à presser la pulpe de ses doigts chauds. Quand nous nous tenions comme ça, autrefois, nous nous disions que nous nous passions le fluide. Nous sentions au bout des ongles le courant électrique protecteur. J'éteins ma cigarette dont je n'ai plus envie. Les dernières lueurs du couchant finissent de sculpter la danseuse.

25

C'est la première fois que nous nous embrassons comme ça

Les applaudissements sobres d'un vol de mouette glissent au-dessus de nos têtes quand nous remontons vers le chapiteau dressé à côté du hangar. Les discours sont terminés, les gens ont commencé à manger et à boire. Il y a des huîtres. Mademoiselle Eugénie est collée à Caroline, elle est arrivée un peu en retard, avec son chapeau d'homme, je l'aurais parié. Caroline a le bras affectueusement autour de l'épaule de sa grand-mère, toute petite à côté d'elle. Jacqueline est là aussi, appuyée sur une canne.

— Ah ! vous voilà, se réjouit Caroline, il ne manquait que vous !

Thérèse embrasse Mademoiselle, qui me regarde et me tend la main.

— Vous ne vous embrassez pas ? demande Caroline.

J'attrape le regard de Mademoiselle. Son visage s'est creusé de rides violettes et brunes depuis ma dernière visite. Je me penche, elle remonte le bord de son chapeau pour me tendre sa joue. Elle a l'orgueil qui la tient debout sans canne. Elle est fragile, mais elle tient. Jacqueline, plus enveloppée, la dépasse d'une bonne tête, mais elle a du mal à marcher. Elles sont deux belles vieilles dames côte à côte, l'une renforçant l'autre. Caroline apporte des coupes. Le mari de Thérèse a récupéré deux chaises pour Jacqueline et Mademoiselle qui sont sûrement les deux plus âgées de la soirée.

— Comment trouves-tu mes tilleuls ? me demande Caroline, tandis que nous levons nos verres.

— Quels tilleuls ?

— Ceux de ma forêt de bidons !

— Ah, je croyais que c'étaient des chênes !

— Tu n'as pas reconnu l'arbre des Marguerites ?

— Tes tilleuls sont magnifiques, affirme Jacqueline.

— Il n'aurait pas fallu couper celui de la cour du château, reproche Caroline à sa grand-mère. On a planté des tilleuls longtemps dans les cours des hôpitaux et des écoles parce que c'est un arbre bienfaisant, son ombre est douce, les abeilles y butinent, tante Louise faisait sécher sa récolte de tilleul sur le mur des douves pour ses tisanes.

— Tu en planteras un autre, dit Eugénie.

— Que pensez-vous d'installer ma danseuse dans le vestibule du château ? nous demande-t-elle.

— Celle-là, dehors ?

— Sans le piédestal, bien sûr.

— Ce serait superbe, dit Jacqueline.

Eugénie ne dit pas non. Elle écoute. Le fond de teint s'est agglutiné autour des taches sur les tempes que la tante Louise appelait des marguerites de cimetière. Caroline a le geste de rejeter ses cheveux derrière l'oreille comme sa mère. Je le lui dis. Elle me regarde dans les yeux.

— La mort, à cinq ans, je ne savais pas ce que c'était. Il me semblait que maman était passée dans la pièce d'à côté et je m'attendais à chaque instant à la voir revenir. Cette exposition est un essai pour moi de franchir la muraille qui coupe ma mémoire en deux. Je voudrais me souvenir de maman, comment bougeait-elle, souriait-elle, à qui ressemblait-elle.

Elle me sourit.

— Merci de me dire que je lui ressemble.

— Tu dois avoir quelques souvenirs d'elle ?

— Son odeur surtout.

Je hoche la tête. Nous nous scrutons pendant quelques secondes, nous sourions. Jacqueline nous a écoutées parler. Mademoiselle suit du regard Caroline qui s'éloigne, parce que tout le monde veut rencontrer l'artiste. Le mari de Thérèse apporte d'autres verres pleins et des petits-fours.

— Je serai saoule ! dit Eugénie à Jacqueline en acceptant une seconde coupe. Il faudra m'accompagner à la voiture !

Jacqueline rit.

— Ce n'est pas de la limonade !

Elle me regarde. La main et le poignet d'Eugénie ridés comme une racine d'arbre ne tremblent pas.

Caroline revient. Son père n'arrivera de Phnom Penh que dans trois jours pour visiter l'exposition. Elle dit qu'elle va se partager maintenant entre l'Asie et l'Epoids. Elle est bien pour travailler, dans sa cabane de pêcheur, et puis elle n'est pas loin de sa grand-mère.

— Tu n'as pas toujours dit ça ! lance Eugénie.

— Elle est là, maintenant, tempère Jacqueline, les vieilles histoires sont derrière. Profite !

— Tu as raison.

Eugénie attrape la main de sa petite-fille, la presse sur sa joue.

— C'est bien ce que tu fais, ma chérie.

Le mari de Thérèse apporte deux autres chaises. Nous arrivons à l'âge où on nous offre des chaises. Nous nous asseyons aussi.

— J'aimerais un de tes bidons-tilleuls dans ma maison de Jard, dit Jacqueline à Caroline.

— Tu l'auras ! Choisis celui qui te plaît. Cadeau !

Les invités commencent à partir et viennent la saluer. Elle les raccompagne. Elle a proposé que nous revenions demain ou après-demain, pendant que Thérèse est là, pour nous faire visiter sa cabane et nous révéler tous les secrets de sa fresque.

— C'est comme une bande dessinée. Il y a plein de choses cachées. As-tu trouvé ton baigneur noir ? me demande-t-elle.

— Mon baigneur noir ! Comment sais-tu ça ?

Thérèse rougit. Caroline s'accroupit entre nos deux chaises, presse ses mains sur nos épaules.

— Il y a longtemps que vous êtes dans mes tiroirs, mes tantes.

— Demi-tantes !

Elle laisse aller la soie de ses cheveux blonds qui sentent bon contre ma joue.

— Mes tantes ! insiste-t-elle.

Elle se relève.

— On pourrait faire une fête pour installer Cendrillon dans le vestibule des Marguerites, serais-tu d'accord, grand-mère ?

Elle cligne de l'œil.

— Quand tu voudras, répond Eugénie. A condition que tu t'occupes de tout.

Elle cligne à nouveau.

— Nous inviterons Jeanne et Thérèse.

— Bien sûr, elles connaissent assez la maison. Elles peuvent venir aux Marguerites quand elles veulent.

Je regarde Thérèse. Je ressens le vieux pincement dans la poitrine. Mademoiselle n'a pas changé. Elle ment. C'est une redoutable menteuse. Moi, j'ai changé. Je me tais, souris. Je suis prête à tout accepter. Et puis il y a le regard de Caroline. Je veux faire partie du paquet cadeau de son retour. Je participerai à la fête. Je veux retourner au château, entrer dans l'allée et me dire que j'y ai une place, une demie, moins que ça, la porte va s'ouvrir, je rentre un tout petit peu chez moi.

Jacqueline chantonne, elle me fait signe, j'approche mon oreille.

— Tu te souviens ? « Je suis le vagabond, le marchand de bonheur… » Chante avec moi !

Je chante avec elle. Je prends Thérèse par le bras.

— Allez, on fait « Les petites Marguerites » !

Et Thérèse se décide, elle chante aussi.

— Chante avec nous ! dit Jacqueline à Eugénie.

Elle fait non et puis nous accompagne. Nous chantons toutes les quatre, à mi-voix, nous sourions, Jacqueline bat la mesure avec son doigt. Caroline revient, nous écoute. Elle s'accroupit à nouveau entre nous.

— Il y a une chanson que j'aimerais vous entendre chanter…

— Laquelle ?

— *Une chanson douce…*

— Ah ! non, dit Eugénie, pas celle-là. C'est Charlotte qui la chantait.

— A moins que ce soit toi, dit Jacqueline à Caroline. Tu as le droit. Tu la connais ?

— Pas très bien.

— Nous la chanterons avec toi le jour où tu installeras Cendrillon aux Marguerites, d'accord ?

— D'accord.

Nous nous regardons. Les yeux brillent. Il y a de l'émotion dans l'air. Le champagne n'y est peut-être pas étranger.

Mademoiselle nous embrasse quand nous nous quittons. C'est la première fois que nous nous embrassons comme ça. Affectueusement.

La nuit est là. Je monte dans la voiture. Je cherche les ânes dans les phares et ne les vois pas. Je ne prends pas le courant des autos des derniers invités qui s'en vont vers le continent, je reviens vers le port. Les paroles d'« Une chanson douce » me tournent dans la tête. Je prends à gauche au petit pont sur le chenal et roule sur le chemin étroit et tournant qui trotte à travers le marais. Je rejoins la route qui file vers la mer et le Gois.

26

Quand je me réveillerai, la nuit aura quitté la terre

Je stationne sur le parking en face des restaurants qui précèdent la descente vers le passage au milieu de la mer, le long gué vers l'île à marée basse. Je vais m'asseoir sur les blocs de rochers qui font digue. Je respire à pleine bouche la brise salée. La mer est basse maintenant. C'est un peu plus loin que je viens pêcher les palourdes. Les sables vaseux luisent à perte de vue. Le ciel s'y mire. Les étoiles y semblent collées. Les nuées se passent la lune gibbeuse et blanche qui roule entre elles comme un ballon.

Je ferme les yeux et murmure à la brise : Félicitations pour Caroline, petite sœur, tu peux être fière de ta fille, je suis contente, peut-être que tout ça n'a pas été inutile, peut-être qu'il fallait en passer par là, peut-être que tout ça a un sens. Merci pour Caroline, Charlotte, merci.

Une voiture ronronne derrière sur le continent, elle s'approche et descend le terre-plein sur la route née de la mer. Ses phares balaient le mélange de bitume et de pavés mouillés. La lune peine à se dégager. Sa lumière blafarde éclaire à peine le ruban de la route et les piliers des balises de sécurité. J'y vois ma vie. Peut-être, ce soir, ma route s'est ouverte. Peut-être je vais rejoindre enfin l'île que j'appelle depuis toujours.

Un drapeau s'agite derrière moi. Le vent traverse le lin de ma veste. Les phares de l'auto éclairent des flaques de mer. Quelques lumières brillent çà et là sur l'île, en face. J'ai un peu froid. La traversée est longue. Les vases moirées scintillent sous la lune. Les feux rouges de la voiture par moments disparaissent et reviennent. Elle s'élève enfin sur le terre-plein du rivage. Elle est arrivée sur l'île.

Je suis tentée de la suivre. Je vais traverser par le Gois. Je stationnerai ma voiture là-bas sur le parking, face à la mer. Ce n'est pas la première fois que je dormirai dans mon auto. Quand je me réveillerai, la nuit aura quitté la terre. Le soleil ne me brûlera pas les yeux. La mer qui aura recouvert le Gois pendant mon sommeil recommencera à le découvrir. J'attendrai, je suis vivante, et je referai le chemin à l'envers, j'irai frapper à la porte de la cabane de pêcheur de Caroline.

Je crois que je vais bien m'entendre avec ta fille, petite sœur.

J'aurais aimé te sauver vraiment, Jeanne, écrire que tu es délivrée du mal. Toute ta vie a été une longue et douloureuse recherche de la lumière. Je ne sais pas. Quoi qu'on fasse, dévie-t-on jamais de sa trajectoire ? Ce qui était lié à ton destin a dépendu des autres. Et les autres n'ont pas été tendres avec toi.

Pourtant, je veux croire que rien n'est jamais perdu, ni les souffrances, les combats, les espoirs. Alors que je te laisse dans ta voiture face à la mer, je sais que tu n'es pas toute seule. Il m'est arrivé de te croiser ici ou là. C'était toi ou quelqu'un qui te ressemble. Les Jeanne comme toi sont si nombreuses. J'ai aperçu partout, dans les rues et les magasins, ton beau visage de femme creusé par les ingratitudes, mais pas détruit. Au fond de tes yeux fatigués brillait un éclat d'enfance qui ne demandait qu'à prendre feu.

J'ai espéré que tu allais rejoindre Caroline. Elle se partage désormais entre le port du Bec et le château, quand elle est en France. Eugénie s'est enfin décidée, bien obligée, à lui passer la main. Je t'ai vue prendre l'allée des Marguerites au volant de ta Twingo. Tu klaxonnais en découvrant la tour carrée des Marguerites. Tu souriais, soudain redevenue la petite Jeanne de sept ans, en sandalettes et robe Vichy. Tu claquais la portière de la voiture et t'élançais sous le jeune tilleul de la cour qui a remplacé l'ancien. Tu criais en gravissant les marches du perron : « C'est moi ! »

On me dit que les gens heureux n'ont pas d'histoire. Après tout ce chemin, je veux croire en la possibilité de ta petite part de bonheur. Je rêve d'une Jeanne enfin heureuse.

Table

Imprimé en France par CPI
en mars 2019

Composition et mise en pages
Nord Compo à Villeneuve-d'Ascq

MIXTE
Papier
FSC FSC® C003309

N° d'impression : 152148
C16299/01